大川隆法
Ryuho Okawa

イギリス・イランの転換点について

まえがき

　2019年12月17日にさいたまスーパーアリーナを本会場として、『エル・カンターレ祭』が行われた。これは全国、全世界3500カ所を衛星中継で結んで、私の講演（『新しき繁栄の時代へ』）を伝えることをメイン・イベントとした行事である。その直前に、国際情勢について争点になるテーマについて、世界の要人たちの守護霊インタビューをして、結論を見通す必要を感じた。その霊界調査報告が本書である。

　各国首脳も悩んでいるのである。その本音を探ることは、正しく判定する前提となる。

　総選挙で大勝したイギリスのジョンソン首相はどういう人か。イランのロウハニ大統領や最高指導者ハメネイ師の本音はどこにあるのか。トランプ米大統領は、ＥＵや香港問題、イラン問題をどう考えているのか。本書の

刊行で、本講演で言及できなかった、細かな論点まで明らかになると思う。

2019 年 12 月 23 日

幸福の科学グループ創始者兼総裁

大川隆法

イギリス・イランの転換点について

目次

まえがき.. 3

第1章　ボリス・ジョンソン首相
　　　　守護霊の霊言

1 "The U.K.'s Trump" Confidently Claims Himself So... 18
「イギリスのトランプ」を自認する自信家ジョンソン

"I will be more than Thatcher and Churchill" 18
チャーチル、サッチャーを超えると豪語

Why he seeks for Brexit 26
なぜEU離脱を目指すのか

The Hong Kong issue "depends on Beijing" 30
香港問題は「中国政府次第」

2 Spiritual Connection with Churchill and Thatcher....... 36
チャーチル、サッチャーとの霊的な関係は

Experience as a Japanese and a Chinese
in his past lives 36
過去世で日本人や中国人の経験も

"Thatcher and Churchill gave me power".......................... 42
サッチャーとチャーチルが力を与えてくれていると主張

3 His Stance On China and the Middle East,
and More... 46
中国、中東などに対するスタンス

To China: "Just make investments in our country" 46
中国とは経済関係のみ重視

About the Middle East problem,
"We will choose the same direction as Trump"................. 52
中東問題はトランプの選択に倣う

第2章　ロウハニ大統領守護霊の霊言

1 来日に当たってのイラン大統領の心中...................... 67
来日を前にイラン・ロウハニ大統領の守護霊を招霊する... 67
石油の禁輸制裁で困窮するイラン................................. 70
「石油、買ってくださいよ」.. 73
中東が「火の海」になると困るのは日本........................ 76

2 日本への忠告... 80
「石炭駄目」「石油駄目」「原子力駄目」で、
日本は先がない.. 80
安倍首相は「ジャパン・ファースト」を
言わなくては駄目... 82
「手ぶらで帰らなくてはいけないかもしれない」............. 83
日本を早く宗教国家に変えなければならない.................. 84

第3章 ハメネイ師守護霊の霊言

1 日本とアメリカに意見する 91

イランの宗教指導者・ハメネイ師の守護霊を招霊する 91

「トランプ大統領に中国をまず片付けてほしい」 93

今のイランは「日本が戦争に追い込まれたのと
同じ構図」 94

アメリカの狙いを見抜く 96

日本は、生きていく道筋を立てないと危ない 98

2 イスラムの正当性のＰＲ 101

イランでも改革は行っている 101

「イランを攻め滅ぼしたら、
かなり厳しいことが起きる」 102

われわれは「宗教的感情を大事にする」 104

「ジョンソン氏もトランプ氏も
イスラム教だったらよかった」 106

再び、「イラン攻撃の危険性」を説く 107

「正義は正しい事実に基づいて判断しなきゃいけない」 109

3 イランの主張 112

「中東でいちばん有望な国・イランの発展を
阻害していいのか」 112

「民族神に負けてたまるか」
「アメリカは世界戦略を立てよ」 113

次は「トランポノミクス」ではなく
「ハメネイミクス」？ 115

4　イスラムにも改革は必要................................119

第4章　トランプ大統領守護霊の霊言

**1　現時点の結論を探るために
トランプ守護霊を招霊**................................125

2　"Xi Jinping is in My Hand"................................128
習近平は私の手中にある

**3　Asking Top Leader Khamenei to Understand
America**................................136
ハメネイ師に求めたいのは「アメリカへの理解」

4　Buy American Thinking................................140
「アメリカの考え方」を買ってほしい

5　霊言を終えて──イランは「理解される努力」を...148

第5章　特別収録
安倍首相守護霊／
グレタ・トゥーンベリ守護霊／
ガイアの霊言

1　安倍首相守護霊の心の声 156

アメリカとイランとの間の板挟みで困っている 156

〝罪なき日本〟は陸の上の河童みたい？ 160

トランプ大統領がイランを攻撃する理由 162

「桜だけ見て過ごしたいわ」 164

「グレタ叩きでもやってくれないかなあ」 166

「私には何もできないから」 168

2　グレタ守護霊の怒りの声 171

「トランプを蹴っ飛ばせ」と語る霊人 171

世界中から重いプレッシャー 180

信じている神は「ヤハウェ」 183

「二酸化炭素を止めろ」と言うだけで、代案はない 186

3 ガイアが見通す「今」と「未来」 190

「正しい神の名」を覚えるべき 190

気候変動に抵抗しても無駄 191

キリスト教もイスラム教も衰退に向かう
「神仕組み」はあるはず 195

ゴールデン・エイジの意味 197

「中東の油の時代」はもうすぐ終わる 198

「大きな意味での地球の大陸や生活圏の変動は
変えられない」 201

「新しい教えが世界に広がることを願いましょう」 202

あとがき 206

This book is the transcript of spiritual interviews with several spirits.

These spiritual messages were channeled through Ryuho Okawa. However, please note that because of his high level of enlightenment, his way of receiving spiritual messages is fundamentally different from other psychic mediums who undergo trances and are completely taken over by the spirits they are channeling.

Each human soul is generally made up of six soul siblings, one of whom acts as the guardian spirit of the person living on earth. People living on earth are connected to their guardian spirits at the innermost subconscious level. They are a part of people's very souls and therefore exact reflections of their thoughts and philosophies.

It should be noted that these spiritual messages are opinions of the individual spirits and may contradict the ideas or teachings of the Happy Science Group.

本書は、複数の霊人の霊言を収録し、一冊にまとめたものである。

　「霊言現象」とは、あの世の霊存在の言葉を語り下ろす現象のことをいう。これは高度な悟りを開いた者に特有のものであり、「霊媒現象」（トランス状態になって意識を失い、霊が一方的にしゃべる現象）とは異なる。

　また、人間の魂は原則として６人のグループからなり、あの世に残っている「魂の兄弟」の１人が守護霊を務めている。つまり、守護霊は、実は自分自身の魂の一部である。

　したがって、「守護霊の霊言」とは、いわば、本人の潜在意識にアクセスしたものであり、その内容は、その人が潜在意識で考えていること（本心）と考えてよい。

　ただ、「霊言」は、あくまでも霊人の意見であり、幸福の科学グループとしての見解と矛盾する内容を含む場合がある点、付記しておきたい。

第1章

Spiritual Interview with the Guardian Spirit of Prime Minister Boris Johnson

（ボリス・ジョンソン首相守護霊の霊言）

2019 年 12 月 14 日　幸福の科学 特別説法堂にて

Boris Johnson (1964–Present)

A British politician. A member of the British House of Commons, the leader of the Conservative Party, and the 77th prime minister. After graduating from the University of Oxford, Johnson worked as a conservative journalist and harshly criticized the idea of integrating Europe. He became a prominent figure of euroskepticism, and eventually led the Brexit movement in the 2016 EU referendum. Johnson served as the mayor of London and the foreign secretary before serving his current position, which he was appointed to in July 2019. In the 2019 U.K. general election, he said Brexit will be done by January 31, 2020 and led the Conservative Party to a landslide victory. His works include *The Churchill Factor*, and more.

Interviewers from Happy Science

Motohisa Fujii

Executive Director
Special Assistant to Religious Affairs Headquarters
Director General of International Politics Division

Toshimitsu Yoshii

General Manager of International Politics Division
Religious Affairs Headquarters

★ Interviewers are listed in the order that they appear in the transcript.
Their professional titles represent their positions at the time of the interview.

ボリス・ジョンソン（1964 〜）

イギリスの政治家。下院議員。保守党党首。第77代首相。オックスフォード大学卒業後、保守系紙の記者となり、欧州統合を厳しく批判。欧州懐疑派の代表的な人物として知られ始め、イギリスのEU離脱の是非を決める2016年の国民投票では、離脱運動を主導した。ロンドン市長、外相などを経て、2019年7月より現職。12月の総選挙では、2020年1月31日までのEU離脱実現を訴え、保守党を大勝利に導いた。著書に『チャーチル・ファクター』などがある。

質問者（幸福の科学。第4章まで同じ）

藤井幹久　（理事 兼 宗務本部特命担当国際政治局長）
<small>ふじ い もとひさ</small>

吉井利光　（宗務本部国際政治局部長）
<small>よし い としみつ</small>

※質問順。役職は収録当時のもの。

1 "The U.K.'s Trump" Confidently Claims Himself So

"I will be more than Thatcher and Churchill"

Ryuho Okawa Today, we have two issues. One is Boris Johnson's landslide, great victory in the U.K. It was yesterday. And, the next issue is the Iranian problem. Mr. President Rouhani of Iran will soon come to Japan and have a session with Prime Minister Abe. So, these are two topics.

And, in addition to that, Mr. Fujii translated and published *Trumponomics*, it's a difficult English book. Mr. Fujii published this book at this El Cantare Festival. It's very easy to understand political issue and economic issue. Please read this *Trumponomics* in

第1章　ボリス・ジョンソン首相守護霊の霊言

1　「イギリスのトランプ」を自認する自信家ジョンソン

チャーチル、サッチャーを超えると豪語

大川隆法　今日は論点が二点あります。一つは昨日のイギリスのボリス・ジョンソンの地滑り的大勝利です。その次がイラン問題です。イランのロウハニ大統領がもうすぐ日本に来て安倍首相と会談しますので、この二つがトピックです。

　それに加えて、藤井さんが『トランポノミクス』を翻訳して発刊されました。英語の難しい本ですが、藤井さんが発刊されて、今度のエル・カンターレ祭で頒布されます。政治・経済問題をきわめて分かりやすく理解できる本です。この『トランポノミクス』を日本語で読んでいただけば、

『トランポノミクス』
(スティーブン・ムーア、アーサー・B・ラッファー共著
／藤井幹久訳／幸福の科学出版刊)

Japanese, and you can understand how our political opinion is correct. It's an additional one, just the propaganda.

Then, first one, about Boris Johnson's victory, and we want to know about his opinion regarding Japanese problem and around the world.

OK. I will [*claps once*] call him first.

Mr. Boris Johnson's guardian spirit,

Would you come down here?

This is Happy Science Japan.

Mr. Boris Johnson's guardian spirit,

Would you come down here?

[*About seven seconds of silence.*]

Boris Johnson's Guardian Spirit [*Laughs.*]

Fujii Hello, good morning.

第1章　ボリス・ジョンソン首相守護霊の霊言

私たちの政治的意見がいかに正しいか、お分かりいただけると思います。まあ、ついでに宣伝させていただきました。

　それでは最初の、ボリス・ジョンソンの勝利についてです。彼の、日本や世界の問題に関する意見も知りたいと思います。
　はい。最初に（手を1回叩く）彼を呼んでみます。
　ボリス・ジョンソン氏の守護霊よ
　こちらにお越しいただけますでしょうか。
　こちらは日本の幸福の科学です。
　ボリス・ジョンソン氏の守護霊よ
　こちらにお越しいただけますでしょうか。

（約7秒間の沈黙）

ボリス・ジョンソン守護霊　（笑い声）

藤井　こんにちは、おはようございます。

21

Boris Johnson's G.S. Ah.

Fujii Prime Minister Boris Johnson. Thank you for coming…

Boris Johnson's G.S. Victory!

Fujii …today, to Happy Science.

Boris Johnson's G.S. Victory, victory, victory.

Fujii Yes. You got a huge victory in the election.

Boris Johnson's G.S. Yeah.

Fujii What are you thinking now?

Boris Johnson's G.S. Happy.

第1章　ボリス・ジョンソン首相守護霊の霊言

ボリス・ジョンソン守護霊　ああ。

藤井　ボリス・ジョンソン首相。本日は幸福の科学に……。

ボリス・ジョンソン守護霊　勝利！

藤井　……お越しくださり、ありがとうございます。

ボリス・ジョンソン守護霊　勝利、勝利、勝利。

藤井　はい。今回の選挙で大勝利されました。

ボリス・ジョンソン守護霊　そう。

藤井　今は何を考えていらっしゃいますか。

ボリス・ジョンソン守護霊　うれしいねえ。

Fujii Happy. Yes. You finally won.

Boris Johnson's G.S. Brexit will be completed in the near future. [*Laughs.*] Final decision-maker!

Fujii You got a huge victory since Margaret Thatcher in 1987, so you're going to be a great prime minister.

Boris Johnson's G.S. Great prime minister? OK. No problem.

Fujii How are you going to make Britain?

Boris Johnson's G.S. Greater than it used to be. I will be more than the great Margaret Thatcher and Winston Churchill.

第1章　ボリス・ジョンソン首相守護霊の霊言

藤井　うれしいと。はい。ついに勝ちましたね。

ボリス・ジョンソン守護霊　近いうちにブレグジット（イギリスのＥＵ離脱)が完了します。(笑)最終意思決定者だ！

藤井　1987年のマーガレット・サッチャー以来の大勝利でしたので、あなたは偉大な首相になられることでしょう。

ボリス・ジョンソン守護霊　偉大な首相？　オーケー。問題ありません。

藤井　イギリスをどのようにしていかれるつもりですか。

ボリス・ジョンソン守護霊　かつて以上に偉大な国にします。偉大なマーガレット・サッチャーやウィンストン・チャーチルより、私のほうが上になりますよ。

25

Why he seeks for Brexit

Fujii I think you're known as a euroskeptic figure. What is your opinion on the European Union? Why do you seek for Brexit?

Boris Johnson's G.S. They are indecisive. They cannot make a decision. Just the animals talking! We have so much pride in the history of the United Kingdom. We must be and will be greater. We must protect our great history of victory. I'll be the U.K.'s Donald Trump, so all will be decided. It's OK, everything will be solved by me. So, no problem. No Europe. Only Boris Johnson's opinion will lead Europe.

Fujii You talked about President Donald Trump. He was very supportive of you.

第1章　ボリス・ジョンソン首相守護霊の霊言

なぜEU離脱を目指すのか

藤井　あなたはEU懐疑論者として知られていると思います。欧州連合に対するご意見はいかがですか。なぜブレグジットを目指されるのでしょうか。

ボリス・ジョンソン守護霊　彼らは優柔不断なんです。意思決定ができない。動物が話し合ってるだけ！　われわれは英国の歴史に大いに誇りを持ってるんで、もっと大国にならなきゃいけないし、そうなりますよ。わが国の偉大な勝利の歴史は守らなきゃいけない。私はイギリスのドナルド・トランプになる。だから、すべて決まりです。大丈夫、すべて私が解決します。問題ない。ヨーロッパじゃない。ボリス・ジョンソンの意見以外にヨーロッパを導くものはない。

藤井　ドナルド・トランプ大統領の名前を挙げられました。彼は大変、あなたに協力的でした。

27

Boris Johnson's G.S. Yeah.

Fujii How do you see President Trump of the United States? You're very good friends.

Boris Johnson's G.S. Yeah. Indeed. He's a nice guy, yeah.

Fujii Do you agree with his opinion?

Boris Johnson's G.S. And, a great leader, yeah, indeed. He is a man the world has been waiting for. And, I'm also the man… the savior of the U.K., of course.

Fujii Today, actually, we don't have much time.

Boris Johnson's G.S. Oh, really?

第1章　ボリス・ジョンソン首相守護霊の霊言

ボリス・ジョンソン守護霊　うん。

藤井　アメリカのトランプ大統領をどうご覧になりますか。彼とは非常に仲がいいわけですが。

ボリス・ジョンソン守護霊　ああ、その通り。いい人ですよ、うん。

藤井　彼の意見に賛成ですか。

ボリス・ジョンソン守護霊　実際、立派なリーダーです。彼は世界が待ち望んでいた人です。そして、もちろん私もイギリスの……救世主です。

藤井　今日は実は、あまり時間がありませんので。

ボリス・ジョンソン守護霊　え、そうなの。

Fujii So, I'll ask you very simple questions.

Boris Johnson's G.S. Oh, I need two or three hours.

The Hong Kong issue "depends on Beijing"

Fujii We want to ask very simple questions. Now, people in the world are concerned about the Hong Kong issue.

Boris Johnson's G.S. Hong Kong issue?

Fujii Hong Kong belonged to Great Britain for a long time. How do you see this situation?

Boris Johnson's G.S. Ah, it depends on Beijing. If they give us a great chance for recovering in the economic meaning, I'll just say to protect human rights, but if Beijing will give us a little present for my

第1章　ボリス・ジョンソン首相守護霊の霊言

藤井　非常に簡単な質問をさせていただきます。

ボリス・ジョンソン守護霊　何だ、2、3時間はないとなあ。

香港問題は「中国政府次第」

藤井　非常に簡単な質問をさせていただきたいと思います。現在、世界の人々が香港問題を懸念しています。

ボリス・ジョンソン守護霊　香港問題？

藤井　香港は長い間、イギリスに属していました。今の状況をどうご覧になりますか。

ボリス・ジョンソン守護霊　ああ、それは中国政府次第です。イギリスの経済が回復するために中国政府が大きなチャンスをくれるなら、私としては「人権を守りなさい」と言うだけにしておくけれど、私の勝利に対して小さなプ

31

victory, we will condemn them, "They are intruders or Hitler-like government." Yeah.

Fujii How do you see Xi Jinping of China?

Boris Johnson's G.S. I don't know. I don't know.

Fujii You don't know?

Boris Johnson's G.S. But they have money now. Please give us.

Yoshii So, your plan is, you'll make Britain prosper with the help from China, you mean?

Boris Johnson's G.S. It's one option, of course. The U.K. and the United States will make a great relationship, but we need another partner, of course. Between the EU and the U.K., we have some wall in

レゼントしかくれないなら、「彼らは侵略者あるいはヒットラー的な政府である」と非難しますよ。うん。

藤井　中国の習近平のことはどうご覧になりますか。

ボリス・ジョンソン守護霊　分からない。分かりません。

藤井　分かりませんか。

ボリス・ジョンソン守護霊　ただ、今は金があるよね。こちらに頂きたい。

吉井　では、あなたの計画は、イギリスを繁栄させるために中国の助けを借りるということでしょうか。

ボリス・ジョンソン守護霊　それも選択肢の一つであるのは間違いない。イギリスとアメリカはいい関係になるだろうけど、イギリスには他にもパートナーが必要なので。ＥＵとイギリスの間には貿易面で一種の壁があるので、他の

the meaning of trading, so we need another partner. China is one choice, and Japan or another country. Its design is just up to me.

Fujii How do you see Japan? I think the relationship with Japan is very important for the U.K., but you might choose…

Boris Johnson's G.S. If you introduce me in a great meaning, good meaning, I'll love you so much.

Fujii You haven't made up your mind yet?

Boris Johnson's G.S. But if you criticize me, "Boris Johnson is a small guy" or like that, I won't like you. I think Mr. Abe is at the situation of his last day. I think so. So, I want to know the next strategy of Japan. He cannot decide anything. I guess so.

第1章　ボリス・ジョンソン首相守護霊の霊言

パートナーも必要なんです。中国も選択肢の一つだし、日本とか他の国もある。そこをどうデザインするかは私にかかっている。

藤井　日本については、どうご覧になっていますか。イギリスにとっても、日本との関係は非常に重要だと思いますが、あなたが選ぶかもしれないのは……。

ボリス・ジョンソン守護霊　あなたがたが私を立派に、いいかたちで紹介してくれるなら、あなたがたを大好きになりますよ。

藤井　まだ考えを決めていらっしゃらないのですか。

ボリス・ジョンソン守護霊　ただし、「ボリス・ジョンソンは、たいした男じゃない」とか言って私を批判するなら、好きにはなれません。安倍さんはもう〝最後の日〟が近い状況だと思うので、私は日本の「次の戦略」が知りたいんですよ。彼は何も決められないんじゃないかと思うので。

35

2 Spiritual Connection with Churchill and Thatcher

Experience as a Japanese and a Chinese in his past lives

Fujii I have great respect in you. You wrote a book about Winston Churchill.

Boris Johnson's G.S. Yes. Yeah.

Fujii So, I think you have a close connection with Churchill in the Spirit World.

Boris Johnson's G.S. Yes. Of course. Of course.

Fujii What kind of connection do you have with him? Is he guiding you?

2 チャーチル、サッチャーとの 霊的な関係は

過去世で日本人や中国人の経験も

藤井　あなたのことは非常に尊敬申し上げています。ウィンストン・チャーチルについての本も書かれています。

ボリス・ジョンソン守護霊　そう、そう。

藤井　ですから、霊界でもチャーチルと深い結びつきがおありだと思います。

ボリス・ジョンソン守護霊　はい。当然ありますよ。

藤井　彼とは、どんなご関係でしょうか。彼があなたを指導しているのでしょうか。

Boris Johnson's G.S. Winston Churchill sometimes came to me and said, "I have a great connection with Ryuho Okawa of Happy Science." He said so. I don't know exactly, it's a religious relationship? But yeah, he said, "Mr. Okawa in Japan is reliable," so yeah. I have much concern about you.

Fujii When you visited us last time for just a short time, you talked not in English, but in Japanese.

Boris Johnson's G.S. Oh.

Fujii I suppose you can speak it.

Boris Johnson's G.S. Was that Japanese?

Fujii A little bit.

Boris Johnson's G.S. Oh. I want to talk…

第1章　ボリス・ジョンソン首相守護霊の霊言

ボリス・ジョンソン守護霊　ウィンストン・チャーチルは私のところに来たことがあって、「自分は幸福の科学の大川隆法と深い縁がある」と言ってました。私にはよく分からないけど、宗教的なつながりですか。まあ確かに、「日本の大川氏は信頼できる」と言っていたので、私もあなたがたには大いに関心を持っています。

藤井　前回、少しの時間だけいらしたときは、英語ではなく日本語を話されていました。

ボリス・ジョンソン守護霊　ああ。

藤井　たぶん、話せるのではありませんか。

ボリス・ジョンソン守護霊　あれは日本語でしたか。

藤井　多少は。

ボリス・ジョンソン守護霊　ああ。私が話したいのは……。

39

Fujii Did you happen to be a Japanese in your past life? Or, do you have much interest in Japanese history or so?

Boris Johnson's G.S. Oh. My past life?

Fujii Yes. Do you like Japan?

Boris Johnson's G.S. Hmm… I might be the reincarnation of Confucius.

Fujii Uh, I'm not sure [*laughs*].

Boris Johnson's G.S. You cannot believe me? Then, then, then, the next step is a disciple of Confucius.

Fujii OK [*laughs*]. So, you mean you were born in China, not in Japan.

第1章　ボリス・ジョンソン首相守護霊の霊言

藤井　過去世（かこぜ）で日本人だったりはしませんか。あるいは、日本史に非常に興味があるとか。

ボリス・ジョンソン守護霊　ああ、私の過去世ですか。

藤井　はい。日本はお好きですか。

ボリス・ジョンソン守護霊　うーん……。孔子の生まれ変わりかもしれないなあ。

藤井　うーん、それはどうかと思いますが（笑）。

ボリス・ジョンソン守護霊　信じられない？ じゃあ、じゃあその次としては、孔子の弟子かもしれない。

藤井　はい（笑）。つまり、日本ではなく中国に生まれていたということですか。

41

Boris Johnson's G.S. Ah, in China and Japan, of course. I have an experience.

Of course, I can speak Japanese. But the listeners are the problem. Japanese people only, or foreign people?

Fujii I suppose both of them.

"Thatcher and Churchill gave me power"

Yoshii From another aspect of spiritual connection, Margaret Thatcher highly evaluated your article. Firstly, as a journalist, you wrote an article about euroskepticism. As a euroskeptic journalist, you were a front-runner. So, do you have a spiritual connection with Margaret Thatcher?

Boris Johnson's G.S. Hmm. Yeah, we have many conferences in the heavenly world, yeah. She is one of the guiding spirits, yeah. Margaret Thatcher and

ボリス・ジョンソン守護霊　ああ、「中国」も「日本」も当然経験してますよ。

　もちろん日本語も話せるけど、聴く人の問題があるでしょう。日本人しか聴かないんですか。外国人も？

藤井　その両方だと思います。

サッチャーとチャーチルが力を与えてくれていると主張

吉井　霊的なご縁について別の観点からですが、マーガレット・サッチャーはあなたの記事を高く評価していました。あなたは最初、ジャーナリストとしてＥＵ懐疑論の記事を書かれていました。代表的なＥＵ懐疑派ジャーナリストでいらっしゃいました。マーガレット・サッチャーとの霊的なつながりはあるのでしょうか。

ボリス・ジョンソン守護霊　うん。はい、天上界でよく一緒に会議をしてますよ。彼女も指導霊の一人です。マーガレット・サッチャーとウィンストン・チャーチル。彼らは、

Winston Churchill. And, they gave me every power on how to decide and lead the U.K. All are in my hand.

So, the EU is a weaker countries' gathering, it's just so. We must be one country, and a great country. The U.K. should be the leader of the world. So, we need Brexit. Thatcher agreed about that. Winston Churchill, also. Winston Churchill said that France and Germany cannot be relied on, and was also skeptical about their goodwill. So, we need economic growth and the political leadership for the world. It's also a Japanese problem. I think so.

But the relationship with the U.K. and Japan, Japan and the United States, and the United States and the U.K., this triangle will be very happy, and will be successful in the making of the future of the world.

私がイギリスに関して意思決定して導いていくために、あらゆる力を与えてくれています。すべては私の手中にある。

　ＥＵは弱小国の集まりにすぎないので、われわれとしては一つの国に、大国にならないといけない。イギリスが世界のリーダーにならないといけない。だからブレグジットが必要なんです。サッチャーはそれに賛成だし、ウィンストン・チャーチルもです。ウィンストン・チャーチルは、「フランスもドイツも信用できない」と言って、彼らの善意に対しても懐疑的でした。だから、経済成長と世界のための政治的リーダーシップが必要なんです。それは日本の問題でもあると思いますよ。

　でも、英日関係、日米関係、そして米英の関係。この三角形が非常に幸福なものになるでしょうし、これによって世界の未来をうまくつくっていけるでしょう。

3 His Stance On China and the Middle East, and More

To China: "Just make investments in our country"

Fujii This might be the last question. I believe you are the very key person to change the world. You mentioned China and Xi Jinping, but I'll ask you more on that. What do you think of communism?

Boris Johnson's G.S. I don't like communism, but I have the sympathy for weaker people, of course. In that meaning, I have some intention to save weaker people; it's not just "give something to them," but "make themselves be independent and by themselves, for themselves," and the next Industrial Revolution will occur from the U.K., I think.

You asked me about Hong Kong? If Hong Kong people help us, we will make rearrangement between

第1章　ボリス・ジョンソン首相守護霊の霊言

3　中国、中東などに対するスタンス

中国とは経済関係のみ重視

藤井　最後の質問になるかと思いますが、あなたはまさに世界を変えるキーパーソンであると思います。中国と習近平に言及されましたが、さらにお聞きします。共産主義については、どう思われますか。

ボリス・ジョンソン守護霊　共産主義は好きじゃないけど、私にも弱者に同情する気持ちがあることはありますので。その意味で、弱者を救いたい気持ちはあるけれども、それは彼らに何かを与えるというだけではなく、彼らを自力で自立させるということです。イギリスから「新たな産業革命」が起きてくると思いますよ。

　香港について聞かれたんでしたっけ。香港の人たちが私たちの役に立ってくれるなら、香港とイギリスの関係をア

47

Hong Kong and the U.K. Yeah, of course. They can be one of the groups of Great Britain in the world, like Australia, Canada, India, or so. I will make Great Britain's world strategy again, yeah.

Fujii OK. Another question is about "One Belt, One Road" strategy. Xi Jinping is invading Europe by his economic strategy.

Boris Johnson's G.S. It's OK. If possible, it's OK. Please invest in our country and never ask for our return. Just make investments. It's OK. But we don't have the same opinion in the political meaning, economic meaning, and world diplomacy.

I will be keeping in touch with Mr. Donald Trump, and the world strategy regarding political and foreign, diplomatic meaning, we are the same with the United States. So, we will, I will welcome the great investment from China, but in the political meaning,

レンジし直してもいいですよ。そう、当然です。香港もオーストラリアやカナダやインドみたいに、世界に広がるイギリスのグループの一員になってもらえます。「イギリスの世界戦略」を再びつくっていこうと思っています。

藤井　はい。もう一つ質問です。一帯一路構想についてです。習近平は経済戦略によってヨーロッパを侵略しつつあります。

ボリス・ジョンソン守護霊　それは構わないです。できるものなら、構いません。わが国に投資して、見返りは一切求めず、投資だけしてください。大丈夫です。ただ、政治や経済や国際外交の面では、お互いの意見は違いますけどね。

　私はドナルド・トランプさんと歩調を合わせていくし、政治、経済、外交に関する世界戦略については、私たちはアメリカと同じです。ですから、中国からの巨額の投資は歓迎するけれども、政治面では習近平に賛成はできません。

we don't agree with Xi Jinping.

Fujii OK. I understand.

Yoshii You mentioned the next Industrial Revolution.

Boris Johnson's G.S. Yeah.

Yoshii So, what kind of technology are you focusing on?

Boris Johnson's G.S. I don't know exactly. So, it's my hope. I'm a prime minister, so I just make a decision and should indicate the direction of our country. "We'll be great again, greater again," I will repeat like Donald Trump. So, it will open a new way for the new start entrepreneurs. We will help them, and there will follow a lot of geniuses from the U.K., and we will gather such kind of great people from all

第1章　ボリス・ジョンソン首相守護霊の霊言

藤井　なるほど、分かりました。

吉井　新たな産業革命ということにも言及されました。

ボリス・ジョンソン守護霊　はい。

吉井　どのようなテクノロジーに注目されていますか。

ボリス・ジョンソン守護霊　詳しいことまでは分かりません。私の希望ですよ。私は首相なので、意思決定をして国の方向性を示さなければならないだけです。私はドナルド・トランプみたいに「再び偉大になろう。もっと偉大になろう」と繰り返します。それによって、新進起業家たちに新たな道が開けるでしょう。私たちが彼らを支援していけばイギリスから天才がたくさん出てくるでしょうし、世界中からもそういう優秀な人をたくさん集めていきますよ。

51

over the world.

About the Middle East problem, "We will choose the same direction as Trump"

Fujii OK. Thank you for your message. It's high time to conclude.

Boris Johnson's G.S. Oh, really? Tomorrow, again!

Fujii Do you have another message?

Boris Johnson's G.S. Another message.

Fujii Is it OK to conclude your message today?

Boris Johnson's G.S. [*To the audience*] Is there any

中東問題はトランプの選択に倣う

藤井　はい。メッセージをありがとうございました。そろそろ、まとめの時間です。

ボリス・ジョンソン守護霊　え、そうなの。また明日やりますか！

藤井　もう一言メッセージがありますか。

ボリス・ジョンソン守護霊　もう一言。

藤井　よろしいですか。今日のメッセージの締めくくりとして。

ボリス・ジョンソン守護霊　（会場を見て）何か追加で質

additional question for me? Do you love me? I'm very kind to ladies. Hmm. No?

Fujii How do you see the Middle East problem? Iranian issue is very critical just now.

Boris Johnson's G.S. Ah, yeah, hmm. It's complicated, but we will make a safeguard to our transportation from the Middle East area to the U.K., in the meaning of oil import. So, we'll have a new conversation with Donald Trump and make a decision about the Iranian problem or other problems of the Middle East, for example, Syria or Israel or Saudi Arabia or other problems. Yeah, yeah.

The main leader is now, Mr. Donald Trump. We will choose the same direction, but at this time, I cannot tell what is correct, I mean, if the Iranian leaders are evil or not. I'm not sure in this point today.

問はないですか。私のことは好き？ 女性にはすごく優し
いんですけど。うん。ないですか。

藤井　中東問題はどうご覧になりますか。現在、イラン問
題が非常に緊迫していますが。

ボリス・ジョンソン守護霊　ああ、はい、うーん。複雑で
すけど、中東からイギリスに石油を輸入する輸送に関して
は安全対策をとっていきます。ドナルド・トランプと改め
て話をして、イラン問題や、中東の他の問題、シリアやイ
スラエルやサウジアラビア等に関する意思決定をしていき
ます。そう、そう。

　現在、中心的なリーダーはドナルド・トランプ氏です。
われわれは同じ方向を選択していきますが、現時点では私
は、何が正しいか、要するにイランの指導者たちが悪なの
かどうか、この点について今日のところは確信がないので。

Fujii Thank you for your message today.

Boris Johnson's G.S. OK. Ah, very short.

Fujii Just for a short time.

Boris Johnson's G.S. Previous time, only 10 minutes. Today, only 25 minutes.

Fujii No, 30 minutes.

Boris Johnson's G.S. This is your respect for the...

Fujii We respect you very much.

Boris Johnson's G.S. ...prime minister of the United Kingdom? We are the lost world or...

Fujii The U.K. is a very important country.

第1章　ボリス・ジョンソン首相守護霊の霊言

藤井　本日はメッセージをありがとうございました。

ボリス・ジョンソン守護霊　はい。ああ、すごく短いね。

藤井　短時間でしたが。

ボリス・ジョンソン守護霊　前回は10分だけで、今日は25分だけとは。

藤井　いえ、30分です。

ボリス・ジョンソン守護霊　この程度の尊敬しか……。

藤井　大変尊敬申し上げております。

ボリス・ジョンソン守護霊　……英国首相には払ってもらえないの？　われわれは「失われた世界」か何か……。

藤井　イギリスは非常に重要な国です。

Boris Johnson's G.S. Really?

Fujii Yes, we believe so.

Boris Johnson's G.S. Hmm. Please come to the U.K.

Fujii Yes, of course.

Boris Johnson's G.S. Ah, [*laughs*] we have no good British dish, nothing, [*clicks tongue*] like for example, the Japanese dishes, or French or Turkish or Chinese-like delicious dishes. Just eat beef or fish and enjoy it.

Fujii OK. We hope to see you again next time. Thank you so much for today.

Boris Johnson's G.S. You are planning to come to…

第1章　ボリス・ジョンソン首相守護霊の霊言

ボリス・ジョンソン守護霊　本当に？

藤井　はい。そう信じています。

ボリス・ジョンソン守護霊　うーん。イギリスに来てくださいよ。

藤井　はい、もちろんです。

ボリス・ジョンソン守護霊　ああ（笑）。イギリスにはおいしい料理は何もないですけどね（舌打ち）。日本料理やフランス料理やトルコ料理や中華料理みたいな、おいしいものはないので。まあ、牛肉や魚でも召し上がって楽しんでください。

藤井　はい。次回またお会いできることを願っています。本日はまことにありがとうございました。

ボリス・ジョンソン守護霊　あなたがたは来る予定がある

59

Fujii Yes, London in Britain. Next year.

Boris Johnson's G.S. Ah, hmm, yeah.

Fujii We hope to see you soon.

Boris Johnson's G.S. It's hopeful and helpful. We need Japanese great connection, and I'm waiting for you.

Fujii OK, thank you so much.

Boris Johnson's G.S. It's not enough, but… I'll say goodbye.

Fujii [*Laughs.*] We look forward to the next time. Thank you so much. Goodbye.

んでしょう……。

藤井　はい。イギリスのロンドンに。来年です。

ボリス・ジョンソン守護霊　ああ、はい。

藤井　近々、お目にかかれることを願っています。

ボリス・ジョンソン守護霊　それは希望が持てるし、有益なことです。日本とは素晴らしい関係を築く必要があるので、お待ちしてますよ。

藤井　はい、ありがとうございました。

ボリス・ジョンソン守護霊　言い足りないけど……まあ、さようなら。

藤井　（笑）次回を楽しみにしています。どうもありがとうございました。失礼します。

Ryuho Okawa Then, next, the Iranian problem. We already know about them, and they can easily speak Japanese. How should I deal with them?

Fujii Japanese is better.

Ryuho Okawa Japanese is better? OK then, Hassan Rouhani, first.

第1章　ボリス・ジョンソン首相守護霊の霊言

大川隆法　では次は、「イラン問題」ですね。彼らのこと
はもう知っていますし、日本語も楽に話せる人たちだけど、
どういうふうにやりますか。

藤井　日本語のほうがいいです。

大川隆法　日本語のほうがいい？　はい、では、ハサン・
ロウハニから行きますか。

第2章

ロウハニ大統領守護霊の霊言

2019 年 12 月 14 日　幸福の科学 特別説法堂にて

ハサン・ロウハニ（1948〜）

イランの政治家。イスラム教シーア派の聖職者。テヘラン大学卒業後、イギリスのグラスゴー・カレドニアン大学に留学し、博士号を取得。イラン革命後に海外から帰国し、イラン・イラク戦争に参加、高等国防委員会委員、イラン空軍司令官、イラン国軍副司令官を歴任する。穏健派のラフサンジャニ元大統領の側近として知られ、2003〜5年には核交渉責任者を務める。13年、大統領選で過半数の票を獲得し、大統領に就任。

※質問者は第1章に同じ。

第2章　ロウハニ大統領守護霊の霊言

1　来日に当たってのイラン大統領の心中

来日を前にイラン・ロウハニ大統領の守護霊を招霊する

大川隆法　ハサン・ロウハニ、イラン大統領。

　ハサン・ロウハニ、イラン大統領。

　もうすぐ日本に来られると思います。

　安倍首相もたいへん気にかけていて、どうしたらいい
か、心労しているようです。

　ロウハニ師守護霊よ。

　どうか、幸福の科学に降臨たまいて、今の心中をお明
かしください。お願いします。

（約10秒間の沈黙）

ロウハニ大統領守護霊　う、うーん。困ったね。

藤井　ロウハニ大統領でいらっしゃいますか。

67

ロウハニ大統領守護霊　うん……。

藤井　ありがとうございます。

ロウハニ大統領守護霊　困ったね。

藤井　はい。今、イラン情勢は非常に厳しい状況です。

ロウハニ大統領守護霊　困ったよ。困ったよ……。

藤井　あまり長い時間は取れませんが、簡単にメッセージなり、お考えをお教えいただければ。

ロウハニ大統領守護霊　いや、こっちが聞きたい。君たち、何ができるの。

藤井　ああ……。

ロウハニ大統領守護霊　今、何ができるんだい？　何がで

きる。

藤井　日本政府にはできることが限られているかもしれません。しかし、幸福の科学に期待をお寄せいただくことはできるかと思います。

ロウハニ大統領守護霊　ああ（舌打ち）。うーん、まあ……。

　いや、日本、来るけどねえ？

藤井　はい。

ロウハニ大統領守護霊　イスラム教の国といちおう結束を固めるのと、あと、キリスト教国との架け橋としての日本？　との絆も必要かなと思ってはいるけど、あんまり期待できないので。

　君たちねえ、与党にでも入っててくれたら、とてもやりやすいんだけど、今のところ難しいみたいだからね。

　安倍さん……、何もできないんじゃないのかなあ。うん。

石油の禁輸制裁で困窮するイラン

藤井　今、米イラン関係が緊迫しているということで、日本が仲介できるのかどうかということを、期待はされているかと思いますが。

ロウハニ大統領守護霊　昨日も、ちょっと、中国とアメリカの貿易戦争を棚上げするみたいな方向で調整しているっていうふうなことで、なんか、株価が上がっているという……。まあ、ボリスが勝ったのも影響してるけど。
　ただ、「中国との貿易戦争を棚上げするということは、イラン攻撃が近いことを意味しているのでないか」と思うんだよね。

藤井　なるほど。はい、はい。

ロウハニ大統領守護霊　うん、それ、まずいね。

藤井　何か対策とかは考えておられる……。

第2章　ロウハニ大統領守護霊の霊言

ロウハニ大統領守護霊　うーん、いやあ、北京攻撃、先にしてもらわないと困る。ねえ？

藤井　それはごもっともです。

ロウハニ大統領守護霊　そうすると、こちらが先送りになる。

藤井　はい。はい。

ロウハニ大統領守護霊　ねえ？　いや、イランは今、困ってるのよ、ね？　石油、売れない。だから、3分の2、売り物の3分の2がなくなった。
　来年、どうする。だから、国民は怒ってますよ。

藤井　はい。

ロウハニ大統領守護霊　うん。デモしてる。
　日本人は、なんでデモがあるか、たぶんあんまり分か

71

らないけど、まあ、イランは石油がとても安いんでねえ。日本は１リットル百何十円かそのくらいで買うのかな？ うん？ 200円？

藤井　はい、はい。

ロウハニ大統領守護霊　うん。イランは、元は10円ぐらいで買えたから。それが、20円、30円、もっともっと上がっていくと、生活苦しくなるから。車、みんな運転しているので。

　それから、制裁が効いてきているねえ。肉や野菜、いろんなものが暴騰してインフレが起きて、生活が苦しくなっている。

　でも、これ、「香港のデモ」と「イランのデモ」、別なんですよね。

　香港は警察の暴力的圧政によってデモが起きてるし、「人権問題」だけど。イランの場合は、これ、「生活困難」と「インフレ」なんですよ。

第2章　ロウハニ大統領守護霊の霊言

藤井　はい。

ロウハニ大統領守護霊　でも、このインフレは、私たちが起こしたものじゃなくて、アメリカを中心とする制裁によって起きてきているもので。これ、何とか打開しなきゃいけないんで。

　うーん（舌打ち）、困ったなあ。

「石油、買ってくださいよ」

藤井　日本政府としては、イラン首脳、ロウハニ大統領と会うに当たっては、アメリカにもいちおう通告というか、話をした上でということになっていますが、何を期待するかということだけでも、ここでお話しされると……。

ロウハニ大統領守護霊　「自衛隊を送る」っていうこと？　なんか、自衛隊を送るから、仁義切るんでしょ？きっとね。

73

藤井　はい。そうですね。

ロウハニ大統領守護霊　送って何をするのか知らないけ
どね。

藤井　安倍さんに頼んでも、できること、できないこと
はあると思うんですけれども、現時点で何を期待したい
かということは、いちおうメッセージとして明らかにし
て……。

ロウハニ大統領守護霊　いや、石油、買ってくださいよ。

藤井　はい。

ロウハニ大統領守護霊　石油を買ってくださいよ。それ
も、１年じゃなくて５年とか10年契約で買い続けるのを
決めてくださいよ。
　そうすると、イランの石油施設、攻撃できなくなるか
ら、アメリカ有志連合？

第2章　ロウハニ大統領守護霊の霊言

藤井　はい。

ロウハニ大統領守護霊　うん、だから、石油、買ってください よ。

　それ言ってくれたら、日本の自衛隊が近所でウロチョロしても、日本への石油を運ぶのを護るために来てるということになるからね。

　だから、日本経済に打撃が出るから、イランをあんまり攻撃してほしくないっていうことになって。

　イランにお金が入れば、イランの国民は安心して、生活に〝未来〟出てくるからね。

　今のままで制裁を加えられると、ロシアは「融資する」と言ってくれてるけど、ロシアか中国、北朝鮮ぐらいしか、もう、あと、貿易相手がなくなっていくんで。ロシア、中国、北朝鮮ぐらいしかなくなるので、これみんな、あなたがたにとって〝要注意の国〟なんじゃないか。いいんかねえ、それで。

藤井　そうですね。

75

ロウハニ大統領守護霊　日本は困る立場。どっちみち困るよ、日本はね。安倍さん、もう行き詰まるね。

　だから、トランプさんを立てたら習近平が立たない、習近平を立てたらトランプさんは立たないし、ロウハニは立たないし、どこにもいい顔したツケが来るから、もう、行き詰まるね、もうすぐ。これね、確実にね。

藤井　はい。

中東が「火の海」になると困るのは日本

藤井　このあと、ハメネイ師の守護霊にもお話を伺おうと思っています。

ロウハニ大統領守護霊　ああ、ああ。

藤井　時間は限られていますが、今日は訪日についてフォーカスしてお聞きできればと思います。

　日本の外交において、日米関係を前提とすると、イラ

ンにはサポーティブになれないという現状が安倍さんにはあると思います。今後のことも踏まえて、日本に対し、こうあってほしいとか、何か意思表示はありますか。

ロウハニ大統領守護霊　日本は独立国家ですから、アメリカと日米安保があっても、アメリカは、「在日米軍の基地費用の負担をもうちょっと上げてくれなきゃ、もう自分で守れ」って言いかねないから、トランプさん、日米同盟だって、ビジネスのディール（取引）にしか思ってないから。これ、いつどうなるか分からない状況だからね。

　アメリカは、石油も石炭も天然ガスも、自前で全部調達できますから、中東のことはどうでもいいわけよ。「火の海」になっても別に困らない、アメリカはね？

藤井　はい。

ロウハニ大統領守護霊　でも、日本は困るよ、たぶんね。
　うーん、だから、あれじゃないかな、自分の国の労働

者の失業率を減らして賃金を上げたいから、中東のほうが炎上するとね、アメリカ製のシェールオイル？　ガス？　それから石炭？　ああいうものがもっともっと生産されて、仕事が増えて、国内の経済が潤う。それを考えているはずですよね。

　そして、中東の原油が十分にヨーロッパや中国や日本に行き渡らないと、まあ、それらの国は困るけど、アメリカがイニシアチブは持てるということなんじゃないの？　うん。

藤井　分かりました。

　そろそろハメネイ師守護霊をお招きしたいと思いますが、さらにおっしゃりたいことは何かありますか。

ロウハニ大統領守護霊　うーん……、いやあ、1万4000人もまた軍隊を送ってきてるから、次の大統領選で再選するために、何か「パフォーマンス」をやるつもりでいるんじゃないかと思うのよ。

　パフォーマンスするとしたら、そうね、うーん、まあ、

砂嵐の起きる前だから……、昔の湾岸戦争と一緒だから、早けりゃ１月、２月ぐらいに、突然、攻撃をかけてくる可能性はあるけど。

　こちらのほうは、まあ、応戦はするけど、日本のための石油が燃えて燃えてするの、もったいなくないかね？

藤井　はい。そうですね。

ロウハニ大統領守護霊　うん、もったいないだろう？

藤井　はい。

ロウハニ大統領守護霊　半額でもいいから買ってもらいたい。だから、燃えるの、もったいないし、CO_2、いっぱい出るよ？　うん。攻撃したら、戦争したらね。

　だから、日本は、安倍さんにその仲介をするということの意味を、君たちは教えてあげなきゃいけないね。

藤井　はい。

2 日本への忠告

「石炭駄目」「石油駄目」「原子力駄目」で、
日本は先がない

ロウハニ大統領守護霊　日本の国が、今、もう困ってるわけだからさあ。だから、「石炭駄目」「石油駄目」「原子力駄目」と言われて、君たち、もう、あとどうするの？風力と太陽光パネル、台風が来たら、困るん違うの？　これね。

藤井　はい。

ロウハニ大統領守護霊　あと、先がないよ。
　だから、石炭だったらCO_2が出て怒られてるんだろう？　で、小泉環境大臣は「化石賞」とかもらってるんでしょう？　親父は原子力反対でしょう？

藤井　はい。

ロウハニ大統領守護霊　日本、もう先がないよ。どうするの？　エネルギー供給もできないし、食糧も自給できていないんだから。これは、日本っていうのは「兵糧攻め」できるよ、簡単に。

　エネルギーと食糧のところ？　ここを押さえれば終わりだから。

　だから、食糧のほうは、中国海軍が太平洋上のシーレーンっていうか海上覇権を取ったら、食糧は入ってこなくなる可能性が高いよ。

藤井　はい。

ロウハニ大統領守護霊　飛行機で運ぶにしても、空軍があるから、それで撃ち落とせるとなったら、君たち、兵糧攻めね。「石油攻め」「兵糧攻め」の両方。日本は石炭がちょっとはあるかもしれないけど、とても賄えないね。風力発電と太陽光発電だけじゃ、日本の土地は狭いし、全然有効じゃないね。

　まあ、日本、今、決断しないと終わるね。

藤井　はい。

安倍首相は「ジャパン・ファースト」を
言わなくては駄目

藤井　「日本のエネルギー安全保障にとっても大事だ」ということですね。

ロウハニ大統領守護霊　うん。だから、いい顔をしちゃ駄目よ。アメリカに対しても、中国に対しても、イギリスに対してもそうだけれども。

　日本の首相って、先、言われる前に出さなければ。「日本は、こうでないと、国が発展しません！」っていうことを。ジャパン・ファーストよ。今、ジャパン・ファーストよ。安倍さん、「ジャパン・ファースト」を言わなきゃ駄目ですよ。これ、必要ですよ。

藤井　はい。貴重なメッセージをありがとうございます。

第2章　ロウハニ大統領守護霊の霊言

「手ぶらで帰らなくてはいけないかもしれない」

ロウハニ大統領守護霊　やっぱり、ロシアだって、そんなにまだ天然ガスとかを安定的に供給してくれる可能性はないし、中国からはエネルギーは入ってこないし、中国は、もう、モンゴルからでも、どこからでも、石炭を買いまくっている状態だしね。中東だって、最後には、もうほんと、攻め取りに来るかも分からないぐらいのところがあるからねえ。

　だから、イランねえ、イラン……。まあ、サウジアラビアのほうが、どうも、どう見たって〝ギルティ（有罪）〟なのよ。イスラム教国にとっては聖地のメッカがあるのに、ここに米軍基地を置いてねえ、そして、イスラエルと企んでいるからさ。

　なんか、おかしいよ、これ。絶対おかしい。宗教的に見ておかしい。

藤井　はい。この宗教的なところについては、ハメネイ師からもお伺いできればと思いますので……。

83

ロウハニ大統領守護霊　うん、うん。うん。

藤井　本日は、よろしいでしょうか。

ロウハニ大統領守護霊　うん。

藤井　ありがとうございます。

ロウハニ大統領守護霊　ちょっと残念な……。来るけど、手ぶらで帰らなきゃいけないかもしれないから。

藤井　なるほど。

ロウハニ大統領守護霊　若干寂しいな。

日本を早く宗教国家に変えなければならない

ロウハニ大統領守護霊　（舌打ち）ああー、君たち、もっとどうにかならないのかな。もうちょっと、君……。君

第2章　ロウハニ大統領守護霊の霊言

が経済産業大臣とかになれないのか？

　ねえ？　そういうふうにね。

藤井　私どもには幸福実現党がございますので、頑張っ
てまいります。

ロウハニ大統領守護霊　でも、なかなか選挙で……。「日
本はもう、宗教なんかでは弾圧国家みたいになって、事
実上、北朝鮮や中国みたいな国になってる」とも言われ
ているから、早く宗教国家に変えなければ。

　だから、君たち宗教政党が、票を取れないんだろう？

藤井　はい。

ロウハニ大統領守護霊　マスコミが邪魔して、取らさな
いようにしているからさ。「コマーシャルも打てない」っ
て聞いてるよ。

藤井　はい。

85

ロウハニ大統領守護霊 うーん。君たち、いいことを言っているのに、ほめてくれないじゃない。なあ？

『イランの反論』とか、(『日本の使命』『リーダー国家 日本の針路』を手に取って）こんなのを、もっとマスコミで話題にしてくれれば、だいぶ違うんだけどさ。相手にしないんだろう？

これには日本の戦後の間違いがあるから、直したほうがいいよ。

藤井 はい。

『イランの反論 ロウハニ大統領・ハメネイ師守護霊、ホメイニ師の霊言』(幸福の科学出版刊)

『日本の使命』(同)

『リーダー国家 日本の針路』(同)

第2章　ロウハニ大統領守護霊の霊言

ロウハニ大統領守護霊　だから、「ジャパン・ファースト」だよ。やっぱり変えるべき。日本は、言うべきことを言うべき。宗教国家になってほしい。そうすると、イランの気持ちが分かるからさ。

藤井　はい。分かりました。「ジャパン・ファーストで」ということですね。ありがとうございます。

大川隆法　はい（手を３回叩く）。

87

第3章

ハメネイ師守護霊の霊言

2019 年 12 月 14 日　幸福の科学 特別説法堂にて

アリー・ハメネイ（1939 〜）

イランの宗教家、政治家。シーア派の聖地ナジャフの神学校で学んだ後、聖地ゴムの神学校ではホメイニに師事する。イラン革命に参加し、革命後は、イスラム革命評議会委員、国防次官、イスラム革命防衛隊司令官、最高国防会議議長などを歴任。1981 年に大統領に就任し、85 年には再選を果たす。初代最高指導者であるホメイニの死後の 89 年に、第 2 代最高指導者となる。

※質問者は第 1 章に同じ。

1　日本とアメリカに意見する

イランの宗教指導者・ハメネイ師の守護霊を招霊する

藤井　それでは、ハメネイ師をお願いいたします。

大川隆法　では、アリー・ハメネイ師、大統領の上にある宗教指導者。「ハメネイ師に死を」などと言って、（手を軽く叩きながら）今、デモもされていますけれども。（合掌した手を擦り合わせながら）ハメネイ師守護霊には、もう５回も霊言を頂いております。何かありませんでしょうか。意見はございますでしょうか。

ハメネイ師守護霊　うーん。

藤井　ありがとうございます。

ハメネイ師守護霊　（舌打ち）。

藤井　ハメネイ師でいらっしゃいますか。

ハメネイ師守護霊　うーん。

藤井　たびたび……。

ハメネイ師守護霊　困ったねえ。いやあ、（『日本の使命』等を手に取って）本を出してるけど、そんなに売れてないんだな、きっとな、これ。

藤井　ますますイラン情勢が緊迫してきていまして、国内的にも、体制が危ぶまれつつあると思います。

ハメネイ師守護霊　「日本イラン同盟」を結ばないかねえ。そしたら、石油が出続けるかぎり、日本に、永久に、半永久的に供給するという感じで、例えばさ。

藤井　はい。

第3章　ハメネイ師守護霊の霊言

「トランプ大統領に中国をまず片付けてほしい」

藤井　本日は、「エル・カンターレ祭」前の、本当に残り
わずかな時間なので、短めに、大事なメッセージをお聞
きできればと思います。

　今、ロウハニ大統領の守護霊からは、訪日に関し
て、「石油を買ってほしい」ということと、「ジャパン・
ファースト」「宗教国家になれ」ということをお聞きしま
した。片や、イラン自身にとっては、やはり、改革を迫
られている面もあるのかと思います。

　そのあたりを、どのようにお考えでしょうか。

ハメネイ師守護霊　うーん。それはちょっと……。まあ、
そういうことなんだろうけどね。

　だけど、トランプさんねえ（舌打ち）、中国、中途半端
にやめてしまいそうな感じがちょっと出てきてるから。

　エル・カンターレのお考えはね、「中国をまず片付け
て、次、イスラム改革に入る」ということなんですよ。

●エル・カンターレ祭　毎年12月に行われる、幸福の科学二大祭典の一つ。

93

藤井　そうでした。はい。

ハメネイ師守護霊　なのに、〝同時に〟ねえ、やるから
さあ、どっちにしようか、いつも迷ってるじゃない、ね
え？　いやあ、香港だって、ウイグルだって、ちゃんと片
付けてほしいよ。あっちだって困ってんだからさあ。

藤井　はい。

今のイランは「日本が戦争に追い込まれたのと同じ構図」

ハメネイ師守護霊　われらのところのそのデモ？　「死者
が出てる」とか、いろいろ大きく報道されてるけどさあ、
「国の収入が３分の１ぐらいまで落ちるかもしれない」っ
ていうんなら、これ、国が成り立たなくなるからねえ。
　彼らが暴れるのは分かるけど、別に善悪で暴れてるん
じゃなくて、食っていけないので暴れてるんで。
　日本が、先のあの「ＡＢＣＤ包囲陣」で、あの戦争に
追い込まれたのと同じ構図ですよ、これ、はっきり言っ

て。

　だから、「これだけ締め上げたら、イランは何か仕掛けるだろう」って待っているんだよ、これ。絶対に、サウジアラビアや、中東に派遣している英米系の軍隊に、今、イランから先制攻撃をさせようとしてるんだよ。それで、これだけ追い込んでいるんで。

　だから、それは、インフレでガンガン上がってるしねえ、もう。いやあ、それはもたないですよねえ。

　だけど、それをされるだけのことをうちはしてないし、イスラエルだって、今、疑惑だらけでねえ。彼が大好きなネタニヤフだって、イスラエル国民自体が信じるか信じないかも分からない状態だから。

　いやあ、あるいは、トランプさんが、やっぱり、イスラエルを利用して、こちらを押さえたいと思ってるのかなあと見てるわけよ。

　たぶん、ロシアへの牽制（けんせい）もあるのかなとは思うがね。ロシアは、ＥＵでブロックされているから、こちらのほうも、中東に出てこようとしている。ロシアのブロックのために、中東での米軍の覇権を広げようとしてるよう

95

には見えるね。

藤井　はい。

アメリカの狙いを見抜く

藤井　もしかしたら、開戦前夜の様相ですが、イランとしては、「戦争をしたい意思があるわけではない」ということでしょうか。

ハメネイ師守護霊　いや、それは、負けるだろうよ、戦争をすりゃあね。負けるだろうけどさあ。

　結果、地球の大事な資源がかなり失われることになるから。うーん。

　（舌打ち）まあ、石油の値段は、逆に上がり、石油輸入国にとっては〝石油インフレ〟になる可能性はあるわね。だから、そのあと天然ガスや石炭のほうに走るのかどうか、知らんけどさあ。

　それで、きっと、アメリカの高ーいシェールオイルと

かねえ、石炭とかねえ、天然ガスとかを買わされるのが日本の結論だよ、おそらく。そういうふうに持ってこられるから。トランプさんは金儲けをものすごく考えてるからさ、そらあ、そうだと思うよ。うん。

藤井 「このイラン情勢の行方<ruby>行方<rt>ゆくえ</rt></ruby>は、日本に不利になる可能性が高い」ということですね。

ハメネイ師守護霊 アメリカの石炭にはねえ、サウジアラビアの石油と同じぐらいの埋蔵量がある。

　石炭産業はずいぶん傾いてたのを、トランプさんが、今、復活させようとしてるからさ。炭鉱業をやって、その周辺の事業を増やそうとしてる。「アメリカの石炭は500年はまだ大丈夫」って言われてるから。

　で、日本は、もう今、石炭にシフトしようとしたりしてるぐらいだから、石炭を売りつけられるよ、もうすぐ。だから、イラン制裁に加わったら、アメリカの石炭をいっぱい買わされることになるよ。「日本の牛肉、ちょっと売り込ませてやる代わりに石炭買え」と、こう来るか

らさ。それで、ロシアからの天然ガスとかは、あんまり入れさせないようにはすると思うし。まあ、中東、「火の海」でしょう？　もうすぐ。

　だから、まあ……、再選にはユダヤ系のねえ、票が欲しいんだろうけどね、アメリカのねえ。それは分かるけどさあ。右翼に多いから、分かるけどねえ。うーん（舌打ち）、まあ、あんまりいい感じじゃないねえ。

日本は、生きていく道筋を立てないと危ない

ハメネイ師守護霊　日本は、生きていく道筋、ちゃんと立てないと危ないよ。それから、オーストラリアから石炭も買えるけど、中国軍がね、もう、アジアの海、もうすぐ押さえにかかってくるから、ここも危ないよ。

　武器はアメリカの戦闘機とか、第7艦隊とか、こんなので日本を護るだけだけど、アメリカと中国が〝手打ち〟しちゃったら、日本はもう、海外からの物流、護れなくなってくるよ、もうすぐ。だから、気をつけないと。

　いや、トランプさんもいい人かもしらんけどね、日本

にとっては。ただ、ディールするからさ。取引で旨みが
あるほうを必ず取るから。そういう、ビジネスマンとし
てね、中国がいい条件を出せば、日本よりも中国を取る、
確実にね。

EUも弱くしようとしてるんでしょう？　だから、イギ
リスに独立を勧めて、EUを解体にかかってるのよ。ア
メリカに対抗できる国がないように、今、持っていこう
としてるからさ。

まあ、ちょっと、うーん……、やっぱり、中東は中東
で宗派が分かれているのでねえ、仲悪く見えるかもしら
んけれども、やっぱり、信仰の点でこんなに分かれては
いけないところはあるんだけどねえ。

だから、うーん……（舌打ち）、まあ、もし、中東攻撃
とかに入るんだったら、中国のウイグル解放なんか、「夢
のまた夢」になるね、きっとねえ。

まあ、トランプさん、いいところも、おそらくあるん
だろうけどね。アメリカのためにやってもいいけど、そ
れは世界のバランスねえ、崩れてる部分は、日本が、
ちょっと、もう少し頑張らなきゃいけないよ。

だから、中国が何百倍もの経済になってねえ、日本が
わずか２倍や３倍にしかならなかったっていう、この数
十年で？　やっぱ、おかしいじゃんねえ。だから、やっぱ
り、日本としての自立が要るんじゃないかな。

　中東は日本好きの人が多いからね。だから、日本に油
の供給させてくれたらうれしいし、シーレーン？　もし、
中国の「一帯一路」とかが日本のシーレーンを妨害する
んなら、日本の防衛力増強を応援したいね。ちゃんと防
衛してほしいし、途中の、日本のタンカーが寄れる港等
も、中国軍に支配されないように、ちゃんとしてもいい
と思うよ。

　まあ、といっても、われわれも中国から「石油、買い
たい」と言われたら、ちょっと……、まあ、少し、誘惑
はあるから、はっきり決めかねるところはあるけど。日
本は今、とても厳しいと思うよ。

2　イスラムの正当性のＰＲ

イランでも改革は行っている

藤井　まことに申し訳ありません。もうそろそろ、時間が限られておりまして。

ハメネイ師守護霊　ああ。

藤井　最後に質問したいところとしては、イスラム改革の方向性についてです。カナダ巡錫にあたっての最近の「トス神の霊言」では、イスラム世界も改革が迫られているとのことでした。

　現在、戦争の危機はありますが、大きな歴史の流れのなかで改革を迫られているところについては、どのように受け止めていますか。

ハメネイ師守護霊　ホメイニ革命からあとね、イスラム原理主義に見えて、復古主義に見えて。だから、「西洋化

●トス神の霊言　2019年10月6日のカナダでの講演会の前日に収録。『イエス　ヤイドロン　トス神の霊言』(幸福の科学出版刊) 第3章所収。

していく流れに逆行してる」と見てるんだと思うんだよね。

　イスラム革命はそういう悪いもんだけど、毛沢東革命以降の中国は、そのまま受け入れようとしている。経済の面だけは、確かに金儲けに走っとるからねえ。

　まあ、私たちも、「全体主義者」みたいに見られているんだと思うし、うーん……、多少、改革は今もやっているんですけれどね。遅いんだろうとは思うけれども。

　ちょっと、女性の権利とか、拡大中ではあるんだけどねえ。だけど、彼らから見たら遅いんだろうと思うし、われわれの世界のニュース等を通じてのＰＲ戦略が足りてないんで、やっぱり、どこか有力国とのつながりを深くしないと厳しいのかなあとは思っているけどね。

「イランを攻め滅ぼしたら、かなり厳しいことが起きる」

ハメネイ師守護霊　とにかく、いろんな国が、このイランを〝食い物〟にしていく感じに見えるので。まあ、イラクも、結局、無実の罪で倒されたようなもんでしょ？

「大量破壊兵器と化学兵器がある」ということで占領されてしまって、大統領は、裁判して殺されて。

でも、もう大量破壊兵器もなく、化学兵器もないことが分かったのに、ちゃんと殺されて占領されて、目茶苦茶で、あと、ゲリラがあちこちで増えてねえ、大変だよねえ。「イスラム国」問題、その他、いっぱい出てきたよね。

イランだって、それ、攻め滅ぼしたら、そのままで済まないですよ。もうバラバラになって、いろんなゲリラで……、アメリカは、ゲリラ、イスラムテロ等を防ぎたいのが今世紀の課題なんだろうに、ゲリラを増産するようなことをしちゃあいけないよ。

われわれが統制してるうちは大丈夫だけど、これ、「われわれを、上のほうを殺せば、たぶん民主化する」と思ってるんだろうけど、「われわれの国での民主化」っていうのは、「神を信じない方向に持っていけ」と言われてるのと、ほぼ一緒なので。これは、かなり厳しいことが起きるだろうね。

われわれは「宗教的感情を大事にする」

ハメネイ師守護霊 毛沢東革命以降の共産党革命は、唯物論の無神論で、エル・カンターレが、「それは間違いだから直すべきだ」と言っている。

われわれのは、まだ、その、エローヒムやアッラーやエル・カンターレの関係を明らかにできるものがないから、そんなすっきりはしてないとは思うけど、「宗教的感情を大事にする」っていうことでは、共通はできるとは思うんでねえ。

イスラエルの味方しても、あなたがたにとっては、たぶん、別に何にもメリットないよ。イスラエル産のねえ、ユダヤ人のアインシュタインが原因でできた原爆で、日本はやられたんだからねえ。そんなユダヤ人の味方しなくちゃいけない理由は、特にないと思うねえ。ユダヤ人から詫びを入れてもらいたいぐらいだわねえ。

ローマ法王が日本へ来てねえ、「戦争をするな」「原爆つくるな」「原子力推進するな」と言って、また、「ヨーロッパのほうから石炭も買うな」とも、「石炭使うな」と

104

第3章　ハメネイ師守護霊の霊言

も言ってきて。

　次、石油を止められようとして、あまりいい感じじゃ
ないねえ。だから、日本の国のデザイン、もっとはっき
りしたほうがいいよ。

　私たちねえ、まあ、それは、いろんなゲリラ、ちっ
ちゃいのはあるから全部は分からないけど、少なくとも、
イランの最高指導者や大統領の命令で、サウジアラビア
とか攻撃したり、日本の首相が来てるときに、日本国籍
の船、タンカーを攻撃したり、そういう野蛮国家じゃな
いですよ。

　だから、これ、たぶん、サダム・フセインのときのイ
ラクと〝同じ罠〟に、今、はめられようとしているので。
ＣＩＡなんかが考える〝筋書き〟、ＣＩＡとモサドが考え
ている〝筋書き〟のほうに持っていかれようとしている
けど、たぶん、結論は正反対になるんで、あちらが自作
自演してることが、もうすぐ分かる。

　戦争をもし仕掛けるなら、終わったあとに分かると思
うから、そういう間違いを再びやらないでいただきたい
と、私は思ってますけどね。私たち、コミュニケーショ

●モサド　イスラエルの情報機関（イスラエル諜報特務庁）の通称。1949 年に
　創設。諜報活動や秘密工作などを主要な任務としている。　　　　　　105

ンが下手だから、言語的にもやや不利なので。だから、十分に伝えられないで困っているけど。

「ジョンソン氏もトランプ氏も イスラム教だったらよかった」

ハメネイ師守護霊　ただねえ、うーん……。だから、さっき聞いていた、あのボリス・ジョンソンとかねえ、結婚も何回もして、「ファースト・ガールフレンド」とか、「セカンド・ガールフレンド」とか、よく知らないけど、いっぱい持ってんだろう？　そんなの、イスラム教に改宗すりゃいいのよ。ねえ？

　それなら、4人ぐらい、いっぺんに持っちゃえるのに。離婚なんかいちいちして、家族に迷惑かけるべきじゃない。だから、それだけ精力的な方なんだから、4人あげるから、イスラム教に入ったらいいんだ。ねえ？　だから、正しいんだ。

　やってることを見たら、イギリスのそんな首相だって、やっぱりイスラム教だよねえ、本来はあれはねえ、どう

見てもね。だから、われわれ、間違ってないのよ。だから、あれを「悪だ」と言うから、週刊誌ネタになって、いろいろ揉めるんで。もう、世界は今、緩くなってきてるから。

トランプさんだってイスラム教だったら、もっとよかったはずですからねえ。いろいろ、マスコミ相手に、フェイクニュースの戦いしてるの。

だから、まあ……（舌打ち）、もっとわれわれを理解してほしいなと思うけど、昔のイラン事件があったからねえ。アメリカ人の脱出の映画つくってねえ、イランがいかに怖い国かみたいな、すごく宣伝されているからねえ。それがみんな焼きついてるんだと思うけど、北朝鮮とだいぶ違うと思うけどねえ。われわれは、「防衛」はするけど、「侵略」はしないよ、基本的にねえ。

再び、「イラン攻撃の危険性」を説く

ハメネイ師守護霊　だけど、イラクに続いてイラン攻撃？　本当にイランの石油施設、全部、炎上させるとこ

107

ろまで行ったら、そらあ、散っていったイラン人たちは、あるいは、アメリカにもイラン人だいぶいるけど、それは何かやるかもしれない。

これ、私、止められないから。そのとき、私のほうが殺されてるから、きっとね。止められないけど。私みたいな宗教的指導者がいれば、「するな」と言えば、そういうものはなるべく止められる力あるけど、私たちを、どうせ「ドローンで殺してやろう」とか思っているに決まっているから、トランプさんのほう。

もう、アメリカにいながらドローンをいじって、上空3000メートルから、ハメネイがいる所を狙って、その周り10メートルのねえ、円形のなかにいる人を全部殺すっていうのを、3000メートル上空から攻撃するんだろう？ アメリカからね、いながらにしてね。

そらあ、できるでしょう。私たちがいる場所、所、確定できるときあるからねえ。悪いことしてないから、それは、ちゃんとやるけど。たぶん、そんなことするつもりだろう？ だから、「ハメネイとロウハニと二人殺せばいい」と思ってんじゃないの？ そしたら、「民衆は革命

を起こして民主主義革命になる」と思ってるんだろうけど。

　でも、そうならないよ、たぶん。指導者いなかったら動かないと思うよ。私ねえ、昭和天皇と一緒だからね、今の位置はね。だから、昭和天皇を殺したら、日本人、1億総決起して本土防衛戦に入ったと思うけど、イランに来たアメリカ人ねえ、それは、そうとう、熾烈なゲリラに悩まされることにはなるわね。そんな不幸な未来は、エル・カンターレは望んでないね。

「正義は正しい事実に基づいて判断しなきゃいけない」

ハメネイ師守護霊　思想的に誘導して、「やり方を少し変えろ」っていうのは、まだ今後、変えていく余地はあるけど、本気でやるなら、こちらも〝ハリネズミ作戦〟しか、もう方法はないんで。近づいてきたものは全部攻撃するしか、もう方法はないから。

　たぶん、イスラエルも便乗してくるはずだから。英米が攻撃するなら、イスラエルも攻撃してくる。これに対

109

して……、これは、「イスラム分断作戦」だよな。

藤井　はい。

ハメネイ師守護霊　イスラムが、もう協調できないようにしようとする作戦だと思うんで、イスラムの連帯を強めなきゃいけないけど。

　次は、「イスラム 対 キリスト教」の大きな世界大戦の流れが出てくるんじゃないかな。

　だから、核開発すれば、イランがイスラエルを攻撃すると見て、それをやめさせようとしてるのは本心だろうけどね。まあ、本心だろうけど、うーん……。

　まあ、こういうのは、何が正義かは分かんないねえ。人が決めちゃいけないことだと思うよ。

　だから、正しい事実に基づいて判断しなきゃいけない。私たちは、断じて、他国を一方的に攻撃するようなことはしていないし、今のところ、核の合意も守るつもりはあるけど、〝イラク扱い〟されようとしてるっていうことだね。

第3章　ハメネイ師守護霊の霊言

藤井　はい。「イランとしては無実である」と、今、神の前で、エル・カンターレの前でおっしゃると……。

ハメネイ師守護霊　うーん、まあ、ただ、安倍さんが聞いても、何にも、それ、伝わらないだろうねえ。

藤井　はい。

ハメネイ師守護霊　うーん……。日本の自衛隊は、たぶん、ペルシャ湾に流出する……、攻撃されてねえ、ペルシャ湾に流出したオイルを、オイルフェンスを張ったり、固めたり、除去したりするような、そんな仕事をしに、自衛隊は来るんだろう？　たぶんな。うーん。だけど、あまりいい感じじゃないね。

111

3　イランの主張

「中東でいちばん有望な国・イランの発展を
阻害していいのか」

藤井　本日は、貴重なメッセージを頂きまして、ありがとうございます。

ハメネイ師守護霊　まあ、日本も、「先制パンチ」で言うべきことを言ったほうがいいんじゃないか。

藤井　はい。

ハメネイ師守護霊　うん。うん。トランプさんも、まだねえ、ビジネスマンはやったけど、世界の情勢まで詳しくは知らないのよ。よく分かってないところがあるからね。特に、アジアから中東のほうや、アフリカ辺は、よく分かってないね。
　うーん……、ああ（ため息）、まあ、中東で〝いちば

ん有望な国〟がイランなんで。これが発展するのを阻害
しようと、今、されているけど、「本当にそれでいいの
か」っていうことですよね。

　もちろん、私たちは、根本的には、「イスラエルが大き
くなる」っていうことは、われわれイスラム教国にとっ
ては、「将来的には大きな脅威だ」っていうことは思って
はいますけどね。

　でも、イスラエルの側にも、それは問題はあるはずで
すよ、たぶんね。うーん、すごく協調性がないからね。
うん、本当に。そういうことを、ちょっとは言ってほし
いなあ。

藤井　はい。幸福の科学にメッセージをお寄せいただき
まして、ありがとうございます。

「民族神に負けてたまるか」
「アメリカは世界戦略を立てよ」

ハメネイ師守護霊　あのー……、うーん、いやあ、エル・

113

カンターレ教を広げるなら広げていいから、「イスラム教は、その仲間」っていうことにしてくれれば助かるんだけどなあ。うん。

藤井　はい。

ハメネイ師守護霊　うーん。まあ、君たちの広がり方で、今、間に合わない感じだから。もう私も年だから。79歳とか80歳とか、いろいろ書いてあるみたいだけれども、もう、あの世行くのは近いけどねえ。「民族神に負けてたまるか」と思ってるので、ええ。

藤井　本日のメッセージは、しっかりと受け止めさせていただきます。

ハメネイ師守護霊　エル・カンターレ祭はね、「トランプは、もう限界が来たよ。考え方を変えて、アメリカ・ファースト、もうそろそろ変えるべきときが来たんじゃないか」と、「やっぱり、世界戦略をちゃんと立てるべき

ときが来たんだ」と言うべきだと思いますね。

藤井　はい。ありがとうございます。

ハメネイ師守護霊　うん。

次は「トランポノミクス」ではなく「ハメネイミクス」?

藤井　そろそろ時間となりましたので、以上とさせていただいてもよろしいでしょうか。

ハメネイ師守護霊　世界が平和になるようにねえ。
　うーん。(『トランポノミクス』を持って) 君、こんなの訳してただけじゃ、駄目だよ。

藤井　はい (苦笑)。

ハメネイ師守護霊　駄目だよ。イランの主張を、もっと、なんか紹介しなきゃ駄目じゃん。

藤井　はい、そちらも、しっかりとやらせていただきます。

ハメネイ師守護霊　駄目じゃないか。トランプ応援しちゃうじゃない、これ。こんなん出されたら、今、困るじゃん。これ、あんまり売らないように頑張らないと。値段高くしたほうがいいよ。

藤井　（笑）

ハメネイ師守護霊　これ、1800円、まあ、十分高いな。うーん、でも、まあ……。

藤井　私どもは、イランに対しての理解も十分に持っているつもりでございますので、ぜひ、そこは期待していただいて……。

ハメネイ師守護霊　いやあ、これはねえ、君たちが頑張って訳したんだ。やっぱり、値段1万円にしたらいい。

うーん、そうしたら、内部で 1000 部ぐらい売れるからさ
あ。いいと思うな。あと、大学でね、研究したらいいよ。

藤井　はい。

ハメネイ師守護霊　次はねえ、あの、あれなのよ。こう、
あの、ハメネイ……、ミクス？
　〝ハメネイミクス〟。ハメネイミクス。石油はすべてを
癒やす。ハメネイミクス。日本人が湯水のごとく石油を
使える時代がやって来る。これが日本の未来を拓く。ハ
メネイミクス、うん。

藤井　はい、ありがとうございます。また機会がありま
したら、ぜひ……。

ハメネイ師守護霊　ええ、もう、1リットル 30 円の石油
でも、日本だけは 30 円で売る。ほかの国は普通に売る。
そしたら、日本の未来は、もう、リニアモーターカーな
んかすぐ走るよ。エネルギーがすごく要る。ねえ？

117

藤井　はい、すみません。お時間となりましたので、以上とさせていただきます。ありがとうございました。

ハメネイ師守護霊　よろしく（手を３回叩く）。

藤井　本日はどうもありがとうございます。

4　イスラムにも改革は必要

大川隆法　と、いうようなことで、困りました。私は困りましたねえ。困りましたね。

藤井　はい。

大川隆法　どうしましょうかね。うーん……、イランの情報も、あまりはっきりとは分からないんですよね。「1万人以上逮捕された」とも言ったり、「1千人以上死んだ」とも、「2百人」とも言ったりしています。

藤井　インターネットも遮断しているということで、情勢がはっきりとは分からない感じになっています。

大川隆法　何か、うまいこと、「習近平よりもあちらのほうが怖い」というような方向に持っていかれそうな、あるいは、「北朝鮮のように危険」といった方向に持っていかれそうな感じもします。アメリカ系のメディアは、す

べてそちらの方向で動いていくという操作ができるようにはなるので、やや難しい感じですね。日本などは、ほとんど情報が取れないレベルでしょう。

藤井　はい。

大川隆法　ただ、イスラムも改革が必要だと思ってはいるのです。このままでは、人数だけが増えていっても、本当に世界が安定するかどうかは分からないところはありますので。

　自分たち自身は「寛容」だと思っているけれども、ほかの宗教や国の人たちからは、〝頑な〟に見えているのです。このあたりのところは、ムハンマドのころに遡って、修正を入れなければいけない部分があります。

　経済においても、「金利を取ってはいけない」などといったところから始まっているので、実に困っているのです。

　私も、在家時代には中東との貿易をしていましたけれども、ムハンマドが金利の概念を否定しているので、金

利が取れないわけです。

　しかし、貿易をして金利が取れないというのは困るので、ほかのもので金利の分の埋め合わせをするといった経済をしなければいけませんでした。ですから、難しかったですね。まあ、もう少し「世界標準」に近づけたほうがよいとは思うのですけれども。

　いや、やや厳しくなってきましたね。ハッハハハハハハ（笑）。

藤井　ありがとうございます。今日は短めにということでしたので、そろそろ、以上とさせていただければと思います。

大川隆法　まあ、短めにやったら、夜中に〝襲われ〟たりするので、終わらないんですけれどもね（笑）。

藤井　はい（苦笑）。

第4章

Spiritual Interview with the Guardian Spirit of President Trump

（トランプ大統領守護霊の霊言）

2019 年 12 月 14 日　幸福の科学 特別説法堂にて

Donald Trump (1946–Present)

The 45th president of the United States. Republican. Born in New York City. After graduating from the University of Pennsylvania in 1968, he became known as a real estate magnate, making millions and billions due to his great success in real estate development, and hotel and casino management. Made his presidential announcement in June 2015. With "Make America Great Again" as his slogan, Trump won the hard-fought presidential election in 2016.

ドナルド・トランプ（1946 ～）

第45代アメリカ合衆国大統領。共和党に所属。ニューヨーク市生まれ。1968年ペンシルベニア大学卒業後、不動産開発やホテル、カジノ経営などで大成功を収め、巨万の富を築き、「不動産王」と呼ばれる。2015年、「アメリカを再び偉大にしよう」とのスローガンを掲げて大統領選に出馬し、2016年の激戦を制した。

　　　※質問者は第1章に同じ。

第4章　トランプ大統領守護霊の霊言

1　現時点の結論を探るために
　トランプ守護霊を招霊

大川隆法　（会場の大川紫央総裁補佐に向けて）ほかに何かありますか。言い足りないことがあったら。

大川紫央　トランプさんの……。

大川隆法　ああ。トランプさんがどうするつもりか。あの人は、日ごとに変わるかもしれないからね。

大川紫央　そうですね。

大川隆法　昨日のあたりでは、中国と何か〝手打ち〟をしそうな雰囲気が出ていたけれど、まだ分からないんですよね、何を考えてるかは。

藤井　本心であるかどうかは、まだ、はっきりしないところですので。

125

大川隆法　香港人権・民主主義法とウイグル人権法を
やったけど、裏取引で何か決めたのかどうかは、ちょっ
とまだ分からないし、北朝鮮に対しても、また強硬に
なってきつつあるし。攻撃するように見せて交渉したり
しますから。

藤井　揺さぶっている最中なのではないかとも思います
が。

大川隆法　トランプさんねえ……、（総裁補佐に）やりま
すか？　結論だけ訊く？

大川紫央　結論だけ、せっかくなので。私が質問するよ
りは、いったん録っていただいたほうが……。

大川隆法　トランプさんに、問題を幾つか絞れますか。

藤井　今の貿易戦争ですね。あと香港の行方と、イラン
の三つぐらい。

126

第4章　トランプ大統領守護霊の霊言

大川隆法　「どうするか」だけ訊きますね。

藤井　結論だけでも簡単に、はい。

大川隆法　はい、では、

Mr. Donald Trump,

Mr. President Donald Trump,

Would you come down here?

Guardian spirit of Donald Trump,

Would you come down here?

（ドナルド・トランプさん

ドナルド・トランプ大統領よ

こちらにお越しいただけますでしょうか。

ドナルド・トランプの守護霊よ

こちらにお越しいただけますでしょうか。）

（以下、英語による収録。日本語文はその和訳）

2 "Xi Jinping is in My Hand"

Trump's Guardian Spirit Hmm.

Fujii Hello, Mr President.

Trump's G.S. Hmm!

Fujii I want to ask you just simple questions.

Trump's G.S. [*Holds up* Trumponomics] Million seller!

Fujii Yes, thank you so much.

Trump's G.S. Million seller!

Fujii Yes. But now, the Iran issue is very critical.

2 習近平は私の手中にある

トランプ守護霊 うん。

藤井 こんにちは、大統領。

トランプ守護霊 うん！

藤井 簡単な質問をさせていただきたいと思います。

トランプ守護霊 （『トランポノミクス』を手に取って）ミリオンセラー！

藤井 はい、ありがとうございます。

トランプ守護霊 ミリオンセラー！

藤井 はい。ただ現在、イラン問題がたいへん緊迫しています。

Trump's G.S. Hmm.

Fujii Some kind of decision is going to be made in the world.

Trump's G.S. Hmm. About what?

Fujii Beginning a war.

Trump's G.S. Hmm?

Fujii War against Iran.

Trump's G.S. Iran? Yeah!

Fujii We hope to know your mind.

Trump's G.S. Oh, I will do my best.

第4章 トランプ大統領守護霊の霊言

トランプ守護霊 うーん。

藤井 世界において、ある決断がなされようとしています。

トランプ守護霊 うん、何について？

藤井 戦争を始めることです。

トランプ守護霊 うん？

藤井 イランとの戦争です。

トランプ守護霊 イラン？ ああ！

藤井 あなたのお心が知りたいのですが。

トランプ守護霊 ああ、最善を尽くします。

Fujii And, another issue is the trade war against China.

Trump's G.S. Ah.

Fujii You reached an agreement yesterday. What are you going to make of this issue? Are you going to compromise with Xi Jinping China, or not?

Trump's G.S. Not yet.

Fujii Not yet?

Trump's G.S. Not yet.

Fujii You mean, you haven't decided it yet?

Trump's G.S. Ah, hmm. I will decide, finally, at the time of solution of Hong Kong problem and Uyghur problem. Yeah. I have the tactics regarding trading

藤井　そして、もう一つの問題が中国との貿易戦争です。

トランプ守護霊　ああ。

藤井　あなたは昨日、合意に達しました。この問題はどうしていかれるつもりでしょうか。習近平の中国と妥協するつもりなのか、そうではないのか。

トランプ守護霊　まだですね。

藤井　まだですか。

トランプ守護霊　まだです。

藤井　まだ決めていないということですね。

トランプ守護霊　ああ、うーん。「香港問題」と「ウイグル問題」が解決した時点で最終的に判断します。そう。貿易に関しては上げたり下げたり、上げたり下げたり、上げ

matter; up and down, up and down, up and down, and settle. This is the tactics.

Fujii You mean it's your art of the deal.

Trump's G.S. Yes. Xi Jinping is in my hand. I can control him. He is very weak now, so he wants to compromise. So, I will lead him to be peaceful, and want to destroy "One Belt, One Road" strategy. I'll make it stop.

たり下げたりというのが私の戦術で、そうやって解決する。それが戦術なので。

藤井　あなたの交渉術ということですね。

トランプ守護霊　そう。習近平は私の手中にあって、こちらの思い通りにできます。彼は今すごく弱っていて、妥協したくなってるんですよ。だから彼を平和的な方向に持っていって、一帯一路構想を潰したいと思います。あれは私が止めますので。

3 Asking Top Leader Khamenei to Understand America

Fujii So, for you, the Iranian problem is not so big an issue, but…

Trump's G.S. Yeah.

Fujii …fighting against Xi Jinping is a more important agenda?

Trump's G.S. Just launch missiles, 100 missiles level. Just alarming them.

Yoshii About the Middle East, some media reported that thousands of U.S. troops might be sent near Iran, so many people are worrying about the U.S. waging a war against Iran. What is your intention behind the

第4章　トランプ大統領守護霊の霊言

3　ハメネイ師に求めたいのは
　　「アメリカへの理解」

藤井　では、あなたにとってイラン問題はそれほど大きな問題ではなく……。

トランプ守護霊　そうです。

藤井　……習近平との戦いのほうがより重要な課題ということでしょうか。

トランプ守護霊　ミサイルを発射するだけの話ですよ。ミサイル100発ぐらいのレベルです。彼らに警告を発しているだけです。

吉井　中東に関しては、アメリカ軍数千人がイラン近辺に派遣されるかもしれないとの報道があり、アメリカはイランに戦争を仕掛けようとしているのではないかと心配する人が数多くいます。対イランの中東政策について、どのよ

137

Middle East policy against Iran?

Trump's G.S. Ah, I want to change their mind. President Rouhani and top leader Khamenei, these two people are against the United States policy, so I want to change their mind, and they should have some kind of, how do I say, understanding regarding the American way of thinking. This is just the battle of the way of thinking.

So, they can change their mind. If Mr. Khamenei comes to America, and at the White House, if he can meet me and have a conversation, and if I can persuade him to stop making nuclear weapons and stop the policy of destroying Israel, if he agreed with me on this point, we can be good friends.

うな意図をお持ちなのでしょうか。

トランプ守護霊　ああ、彼らの考え方を変えたいんですよ。ロウハニ大統領と最高指導者ハメネイ師の二人はアメリカの政策に反対しているので、私は彼らの考え方を変えたいし、彼らはある意味で、なんというか、アメリカ的な考え方を理解するべきです。これはまさに「考え方の戦い」なんです。

　彼らが考え方を変えることは可能です。ハメネイさんがアメリカに来て、ホワイトハウスで私と会って話をして、私が彼に、核兵器をつくることをやめ、イスラエルを滅ぼす政策をやめるよう説得できれば、この点に関して同意してもらえれば、お互い、「いい友人」になれるんです。

4 Buy American Thinking

Fujii OK. Thank you so much. Very good information. I think you know well about the mistake in Iraqi War, so we hope you would make a better decision on the Iranian issue.

Trump's G.S. OK. Please depend on me.

Fujii Thank you.

Trump's G.S. I'm cleverer than Mr. Obama, so it's OK. No problem.

Fujii Yes.

Trump's G.S. But I'm a good negotiator, so I'll shake their mind and make a great deal. Xi Jinping is just in my hand and dancing in my palm. So, I can deal with

第4章　トランプ大統領守護霊の霊言

4　「アメリカの考え方」を買ってほしい

藤井　分かりました。たいへん貴重な情報をまことにありがとうございます。あなたはイラク戦争の間違いについては、よくご存じだと思いますので、イラン問題について、より賢明な判断をされることを望んでいます。

トランプ守護霊　大丈夫です。頼りにしてください。

藤井　ありがとうございます。

トランプ守護霊　オバマさんよりは頭がいいので大丈夫です。問題ありません。

藤井　はい。

トランプ守護霊　ただ、私は交渉が得意なので、相手の心を揺さぶって、「いい取引」をしてみせますよ。習近平は私の手中にあって、私の手のひらの上で踊ってるだけなの

141

them with my free will. Xi Jinping and Khamenei, they are trapped by Donald Trump.

Fujii OK. Thank you so much. We rely on you.

Trump's G.S. Yeah. I'm clever because you introduced me to Japanese people.

Fujii Yes.

Trump's G.S. Oh, 1 million seller. [*Flipping through* Trumponomics] 2 million, 10 million seller!

Fujii Thank you so much.

Trump's G.S. Japanese people should [*slams* Trumponomics *onto the table*] read this book! It's a final

で、こちらの思う通りに取り引きできます。習近平とハメネイはドナルド・トランプの策にはまってるんですよ。

藤井　分かりました。ありがとうございます。あなたを信頼しています。

トランプ守護霊　そうです。私は頭がいいんでね。何しろ、あなたから日本人に紹介してもらって。

藤井　はい。

トランプ守護霊　ああ、百万部のベストセラー。(『トランポノミクス』のページをぱらぱらめくって) 2百万部、1千万部のベストセラー！

藤井　ありがとうございます。

トランプ守護霊　日本人は (『トランポノミクス』をテーブルの上にドンと置いて) この本を読むべきです！ それ

key to solve the world problem. Trumponomics! Not Abenomics!

Fujii Thank you.

Trump's G.S. Right?

Fujii Yes. Good message.

Trump's G.S. Yeah, you are a good person. You are a light of angel!

Fujii Yes, thank you. I'll send it to you.

Trump's G.S. Please, please, please study English, more and more! And, you can introduce me to Japanese people.

こそが、世界の問題を解決する最後の鍵である。トランポノミクス！　アベノミクスではない！

藤井　ありがとうございます。

トランプ守護霊　でしょう？

藤井　はい。ありがたいメッセージです。

トランプ守護霊　うん、あなたはいい人です。光の天使です！

藤井　はい、ありがとうございます。送らせていただきます。

トランプ守護霊　どうか、ぜひとも、とにかく、英語をもっともっと勉強してください！　そうすれば、日本のみなさんに私を紹介してもらえるので。

Fujii Many Japanese will understand you through this book. Thank you so much.

Trump's G.S. Good book. I cannot read Japanese, but it's a good book. Yeah, indeed.

Fujii It's high time to conclude our conversation. Thank you so much.

Trump's G.S. Buy, buy, buy, buy America! Buy American… no, American thinking! Yeah.

Fujii Yes. We hope you would make a good decision. Thank you so much.

Trump's G.S. Thank you.

藤井　多くの日本人がこの本を通してあなたを理解することでしょう。ありがとうございます。

トランプ守護霊　いい本ですよ。私は日本語は読めないけど、いい本です。とにかくいい本です。

藤井　そろそろ、終了の時間となりました。ありがとうございました。

トランプ守護霊　〝アメリカ〟を買って買って買いまくってください！　アメリカの……いや、「アメリカの考え方」を買ってください！　そうです。

藤井　はい。よき判断をされますよう祈っています。ありがとうございました。

トランプ守護霊　ありがとう。

5 霊言を終えて
——イランは「理解される努力」を

（以下、日本語による収録）

大川隆法　この人は交渉人なので、どうするか分からないですね。上げたり、下げたり、揺さぶったりして、交渉をやるつもりのようです。

　まあ、トス神と話をしながら、方向づけはすることになるでしょう。トランプさんの考えは、だいたいトス神から出ていて、ほぼ一緒のようなので、ここ（トス神）と話をしながら、やりますね。もう少し柔軟なところがある方だろうと思いますので。

　ただ、今、言っていたのは、「ハメネイ師もホワイトハウスに来て、握手をし、頭を下げなさい。これがファイナル・アンサーだ」ということですね。つまり、「友達になろうよ」ということを言っているわけです。彼は、そういうことには、すごくウェルカムなのです。

　「イランの最高指導者が帽子を脱いでホワイトハウスに

来て、フロリダの別荘にも来て、一緒に遊んでいるところでもテレビで流したら、アメリカ人は納得する」という感じでしょう。西側に引き入れるには、そういうこともよいのではないかと思います。

　ただ、少し頑なな（かたく）ところがあるので、ギリギリまで軍事的圧力をかけるつもりなのでしょう。北朝鮮や中国の香港問題のようにならなければよいのですが、イランは少し柔らかくなったほうがよいでしょう。

藤井　重要なメッセージを頂いたと思います。

大川隆法　別に戦わなくても解決します。この前、ロウハニ大統領が「国連で演説がしたい」ということでアメリカに来ようとしたところ、アメリカの高官がビザの発給を断りました。ところが、トランプさんは、「来たいという者を拒む（こば）ほど、アメリカは不寛容ではない。演説させてやれ」というようなことを言って、ビザを発給し、演説させていました。

　このように、トランプさんは、向こうから求めてくる

者に対しては、わりあい受け入れるタイプだと思います。やはり、あまりに突っ張って、強気で行きすぎると、ぶつかるのではないでしょうか。

ハメネイ師は、国内でのプライドを少し下げて、外国にも出たほうがよいでしょう。天皇陛下の巡幸のように、少し顔見せしたほうがよいのかもしれません。今のままでは、難しいです。「理解される努力」をしたほうがよいでしょう。日本語で「ハメネイ師の霊言」を幾つか出しましたが、日本語での発信力はまだ弱いので、世界には届かないのです。

おそらくハメネイ師は、「アメリカに行ったら、ＣＩＡとかＦＢＩとか、危ないのがたくさんいるのではないか」と思っているのでしょう。アメリカ映画を観て、「これは危険なところだ」と思っているのではないでしょうか。

藤井　本当は、トランプと交渉するのがいちばんチャンスなのだと思いますけれども。

大川隆法　トランプさんは、危機をつくって交渉しよう

とするのですが、したらよいと思います。日本が仲立ち
をするとしたら、そのとき、一緒にアメリカへ行ってあ
げたらよいかもしれません。「向こうの大統領が来て、ア
メリカと話し合うときに、仲立ちをする」という感じで
もよいのではないでしょうか。

　私は、今のように原因があまりはっきりしないレベル
で、いきなり戦争になるようなことはあまり勧められま
せん。日本にとっては石油の供給元の一つが断たれるの
で、けっこう厳しいことになるのではないかと思います。
イランの日本への感情は悪くないので、うまくつなぎた
いところです。また、ロシアが入ってくると思いますが、
ロシアは丸め込みたいところではあります。

　釈さん（幸福実現党党首）、がんばってください。来年
は「解散」が来ると思います。日本のマスコミは報道し
ないでしょうが、「幸福実現党が必要なのだ」ということ
が分かるように、何とか持っていきたいところですね。

　トランプさんも、そういう感じでしょうけれども、幸
福の科学のほうで、もし、何かお手伝いできることがあ
るなら、してもよいと思います。

151

ただ、日本のなかの無宗教勢力のところが非常に厳しいので、おそらく、何らかの外交的なことをやっても、新聞にもテレビにもなかなか報道されないでしょう。そういう意味での伝道力がないのです。悪いことなら報道されますが、そういうことは報道されないので、幸福実現党にはアピールする力があまりないのです。

藤井　何とか頑張らせていただきます。

大川隆法　でも、「神仕組み」でチャンスが回ってくることもあるかもしれないので、そのときのための準備はしておいたほうがよいでしょう。

藤井　はい。貴重なお時間をありがとうございました。

大川隆法　今日は、エル・カンターレ祭前の情報収集ということで、貴重な意見を聞かせていただきました。ありがとうございました。

藤井　ありがとうございます。

第5章

特別収録

安倍首相守護霊／
グレタ・トゥーンベリ守護霊／
ガイアの霊言

2019年12月14日　幸福の科学 特別説法堂にて

安倍晋三（1954〜）

政治家（衆議院議員）、自由民主党総裁。祖父は元首相の岸信介、父は元外相の安倍晋太郎。成蹊大学法学部卒業。1993年に衆議院議員に初当選。2006年9月、内閣総理大臣（第90代）に就任し、わずか一年で辞任したが、2012年12月、再び内閣総理大臣（第96代）に就任した。2014年12月に再任（第97代）され、現在に至る。

グレタ・トゥーンベリ（2003〜）

スウェーデン・ストックホルム在住の環境活動家。2018年8月から、学校を休んで地球温暖化対策を政府に訴える「学校ストライキ」を始める。この運動は世界中に広がり、2019年9月20日には世界各地でデモが行われ、163カ国で400万人以上の子供や若者が参加したと言われている。同月23日、国連本部で開かれた気候行動サミットに参加し、スピーチを行った。

ガイア

地球系霊団の至高神、エル・カンターレの本体が、3億数千万年前に、初めて「アルファ」という名で地上に下生した際、その妻であった女神。ギリシャ神話では大地の象徴とされている（『太陽に恋をして──ガイアの霊言──』〔幸福の科学出版刊〕等参照）。なお、現代日本に、大川隆法の妻・大川紫央として転生している。

質問者
大川紫央（幸福の科学総裁補佐）

役職は収録当時のもの。

1　安倍首相守護霊の心の声

アメリカとイランとの間の板挟みで困っている

大川紫央　誰かいますか。

安倍晋三守護霊　うん……。うん。うん……。うーん。うん……。

大川紫央　どなたですか。

安倍晋三守護霊　うーん。うーん。うーん。うーん。うーん。安倍晋三です。

大川紫央　こんばんは。

安倍晋三守護霊　うん。

大川紫央　今、（夜中の）12時半。どうされました？

第5章　安倍首相守護霊／グレタ・トゥーンベリ守護霊／ガイアの霊言

安倍晋三守護霊　イラン、困ってるんですよ。

大川紫央　イラン。

安倍晋三守護霊　うん。どうして、「日本に仲介を」と言っても、何も仲介できないので。自衛隊を出すことになるけど、まあ、「攻撃するつもりじゃない」っていうぐらいしか言うことがない……。

大川紫央　まあ、石油を運ばないといけないですから。

安倍晋三守護霊　いや、禁輸だから……。制裁だから。

大川紫央　あっ、そうでしたね。

安倍晋三守護霊　イランは、それはねえ、3分の2も収入が減ったら、それは立ち行かんでしょうよ。前の日本のＡＢＣＤ包囲陣みたいで、ちょっとねえ、これは戦争になるから、私のところにその〝帳尻〟が来ても、解決で

きないです。

大川紫央　うーん。「それは難しかろう」と、先生もおっしゃっていました。

安倍晋三守護霊　はい。

大川紫央　首相の立場で考えるとですね。

安倍晋三守護霊　でも、アメリカがやろうとしてることを止めることもできないし。

大川紫央　それはそうですね。

安倍晋三守護霊　中国と、急になんか、貿易戦争を棚上げにしようとしているみたいで、株価が急に上がりましたけど、これは、イランとの戦争を優先するとしか思えないので。日本は何ができるかって……。

第5章 安倍首相守護霊／グレタ・トゥーンベリ守護霊／ガイアの霊言

大川紫央　板挟みですね。

安倍晋三守護霊　イランの大統領は、「私たちはやっていない」って言うだけだと思うんで。「アメリカの偏見で、アメリカの戦法だ」と言うだろうから、それを聞いて、私がトランプさんに伝えても、何も解決はしないんで。

大川紫央　トランプさんのあれでしょうかね。次の中間選挙においては、中国を攻撃するより、イランのほうが、国民は分かりやすいということですかね。

安倍晋三守護霊　アメリカはねえ、「シェールオイル」「シェールガス」「石炭」、全部あるんで、別に中東がなくても生きていけるんですよ。だからねえ、アメリカは大丈夫なんです。何も影響は出ないけど。仕事を増やすことはできる。日々、失業者がねえ、もっと減ってねえ、仕事が増える。

159

〝罪なき日本〟は陸の上の河童みたい？

大川紫央　でも、安倍首相は、やはり、原子力発電所の必要性をちゃんと説明するという義務があるのではないですか。

　それを説明しないから、結局、今の苦境に陥っていると……。

安倍晋三守護霊　できないですよ。世界はもう、法王が来て、「原子力はやめろ」と言うし、今度は、気候行動サミットをやっては、もう……。

大川紫央　「石炭やめろ」ですか。

安倍晋三守護霊　「石炭やめろ」と言ってくるし、どう……。

大川紫央　でも、石油もやめないと、グレタさん、怒るのでは。

第5章　安倍首相守護霊／グレタ・トゥーンベリ守護霊／ガイアの霊言

安倍晋三守護霊　うーん。だからもう、石油は、経済制裁で、あっちに入ってきにくくなってきてるので、まあ。日本はねえ、だから、うーん、〝罪なき日本〟はねえ、干上がってしまって。

大川紫央　いや、罪はあるんですよ、日本も。

安倍晋三守護霊　陸の上の河童みたいです。

大川紫央　八方美人で、自国の防衛を考えていない日本にも責任はあるんですよ。日本国民にも。いずれツケは来るでしょう。

安倍晋三守護霊　中国を制裁するだけの力はないしねえ、今ねえ。

大川紫央　まあ、そうですね。

安倍晋三守護霊　客、買ってくれているが、まあ……。

161

だからねえ、中国に不快感を抱いてる国民は80パーセントを超えてるのは知ってるんですけどねえ。友好的なのは十何パーしかないの……。

トランプ大統領がイランを攻撃する理由

大川紫央　トランプさんは、なぜイランを……。

安倍晋三守護霊　トランプさんは、次の選挙にとっては、やっぱり、ユダヤ系の票……。

大川紫央　ユダヤ教を国籍にしていますしね。

安倍晋三守護霊　ユダヤ教の票ですね。右翼票がだいぶあるんで、そちらのほうの票固めもあるしねえ。
　中東の石油が止まったらねえ、アメリカの国内産業は、ねえ、石炭、石油、ガス系を……。

大川紫央　あっ、そちらが盛り上がりますか？

第5章　安倍首相守護霊／グレタ・トゥーンベリ守護霊／ガイアの霊言

安倍晋三守護霊　自分のほうが、もっと、それが、うーん、経済的にはいいんですよ。

それと、まあ、ボリス・ジョンソンが勝ったんでねえ。だから、ＥＵが一枚岩になってアメリカに対抗するっていうのは、だいぶ弱まりますからねえ、自分の世界がちょっと近づいてくる。イギリスと強くしなきゃいけないし、ＥＵは少し弱める必要はあったんでねえ。

大川紫央　はい。

安倍晋三守護霊　やっぱり、あの、ドイツの〝おばちゃん〟がねえ、ちょっとねえ、左翼的すぎるでねえ。

大川紫央　カントさんの限界ですね。

安倍晋三守護霊　限界ですよ。ＥＵ、何カ国集まったところで、貧富の差なんかなくなるわけがない。

そしてねえ、イランに対してロシアが助けに、融資に入ろうとしてるからねえ。

●カント　哲学者カントはドイツのメルケル首相の過去世の一つであると推定されている。『スピリチュアル・インタビュー　メルケル首相の理想と課題』（幸福の科学出版刊）参照。

うーん、まあ、世界が変な感じに……、どうせ中国は「イランの石油を買う」って言うだろうから。うーん、難しいなあ……。日本は石油を買えないほうになるからねえ。

「桜だけ見て過ごしたいわ」

大川紫央　明日、先生も霊言で、真相・真偽は調べてくださるので、また、ご参考にしてみてください。

安倍晋三守護霊　うーん、もう……、ほんと、桜だけ見て過ごしたいわ。

大川紫央　（苦笑）それは困ります。

安倍晋三守護霊　イランの大統領が来ても、まあ、接待もできんし、することはないですよ。

大川紫央　いや、イランの大統領は今、安倍首相より

「ウツ」だと思いますけれども。

安倍晋三守護霊　「石油を買ってやる」って言えんしねえ。

大川紫央　うーん。言えばいいのではないですか。

安倍晋三守護霊　「諫める」ったって、何を諫めたらいいのか分からないので。「反米の態度をやめなさい」って、「デモを弾圧するな」と言っても、そのデモは、アメリカが経済制裁してるために、インフレが起きているんで。
　だから、向こうは「アメリカの経済制裁をやめさせてくれ」って言ってくるのは分かっているから。

大川紫央　でも、やはり、日本独自として意見発信できるぐらいの国にならなければいけないということですよね。アメリカに対しても意見を言わないと、対等ではないですからね。

165

安倍晋三守護霊　自衛隊を派遣したってね、かたちだけですから。使い道はないんで。うーん、まあ、中東のゲリラのねえ、ドローン攻撃、受けたくもないしねえ。別に、「イラン」と「サウジアラビア」、どっちが好きだっていうわけでもないんですけどね。

　……困りましたねえ。また、資源がない。資源なく、エネルギーなく、食糧自給率が40パーセントを切り、まあ、日本も危険ですねえ。食糧もだんだん、中国に全部買い付けられていきそうですから。

大川紫央　でも、安倍首相にも、その責任はあるんですよ。長期政権をやったがゆえに、より責任が出るのです。

「グレタ叩きでもやってくれないかなあ」

安倍晋三守護霊　私にできることは、もうなんもないですよ。

　でも、まあ、少しは原子力稼動の余地は残してあるし。

　はああ……（ため息）。もうちょっと、あの、「グレタ

叩き」でもやってくれないかなあ、ほんとに。困ってるんですけどね。

大川紫央　いや、今、グレタさんに言ってもらったらいいのではないですか、「石炭、石油を使うな」と。

安倍晋三守護霊　困るでしょう。

大川紫央　原子力に行くしかないのではないですか。

安倍晋三守護霊　いや、原子力も反対でしょう？　ローマ法王が反対してるから。

大川紫央　ああ、そうですか。そうか、グレタさんは原子力も反対でしたか。

安倍晋三守護霊　それは反対ですよ。
　あとは、「風力」と「太陽光」と、もう残りは少ない。

167

大川紫央　ブラジルの大統領ですら、グレタさんに意見を言っているのですから、安倍さんが日本で意見を言ったっていいと思いますけれども。

安倍晋三守護霊　うーん、世界の左翼代表みたいだから。

「私には何もできないから」

大川紫央　（約５秒間の沈黙）では、いちおう、お聞きしましたので。

安倍晋三守護霊　「イラン大統領、来るな」とは言えんし、来ても、まあ、結局、何もできないんで。
　だから、なんか、大川総裁のほうで責任を負ってくださるなら、17日のエル・カンターレ祭で意見を言ってください。

大川紫央　いや、安倍さんは一国の首相なのですよね？

第5章　安倍首相守護霊／グレタ・トゥーンベリ守護霊／ガイアの霊言

安倍晋三守護霊　いや、私には、だって、なんもできないですから。

大川紫央　いや、何もできない……、安倍さんが何もできないなら、日本は何もできないではないですか。

安倍晋三守護霊　だから、中国は、香港問題を棚上げにして、イランのデモのほうに焦点を振ろうとしてるし、アメリカがそっちへ行くことを望んでいるからね、今。

大川紫央　「トランプ、中国と戦えよ」という感じですよね。

安倍晋三守護霊　ああ……。

大川紫央　ジョンソンはどうなのでしょうね。親中派なのか、どうなのですか。

安倍晋三守護霊　まあ、ＥＵから離れるから、それ以外

169

の可能性も、アメリカと、中国と日本ぐらいしかないで
しょうねえ。

大川紫央　ジョンソン（の守護霊は）、この間、日本語を
しゃべっていました。……まあ、いいですね。
　では、明日、とりあえずやりますから。

安倍晋三守護霊　ああ、とにかく、私はそういうことが
分からないから、言ってください。お願いします。

大川紫央　おやすみなさい。

第5章　安倍首相守護霊／グレタ・トゥーンベリ守護霊／ガイアの霊言

2　グレタ守護霊の怒りの声

「トランプを蹴っ飛ばせ」と語る霊人

大川紫央　どなたですか。

霊人　Umm ？（ん？）（約15秒間の沈黙）

大川紫央　どなたですか。はい。どなたですか。

霊人　Ah... ah... ah...
（ああ……ああ……ああ……。）

大川紫央　はい。右手あがってます。どうぞ。

霊人　Ah...
（ああ……。）

大川紫央　日本語しゃべれますか。

171

霊人　Ah... ah... ah... ah... ah... ah...
（ああ……ああ……ああ……ああ……ああ……ああ……。）

大川紫央　日本の人ですか。外国の人？　英語？　じゃない。

霊人　Ah... ah... ah... ah...
（ああ……ああ……ああ……ああ……。）

大川紫央　EU（欧州連合）？

霊人　Ah?
（ああ？）

大川紫央　EU? イギリス？

霊人　Ah... Hah...
（ああ……はあ……。）

172

第5章　安倍首相守護霊／グレタ・トゥーンベリ守護霊／ガイアの霊言

大川紫央　イラン？

霊人　Ah...
（ああ……。）

大川紫央　香港？　中国？　マレーシア？　アメリカ？　地球
人ですか？
Do you know Happy Science?
（幸福の科学はご存じですか。）

霊人　Ah, hah.
（ああ、はあ。）

大川紫央　Are you a man or a woman?
（男性ですか、女性ですか。）

霊人　Ah... ah...
（ああ……ああ……。）

173

大川紫央　ニーハオ。ニーハオ。Hello.
（こんにちは。こんにちは。こんにちは。）
聞こえてますか。あなたはどなたですか。

グレタ守護霊　Ah... Ah... Greta.
（ああ……ああ……グレタ。）

大川紫央　Greta? Greta.
（グレタ？　グレタ。）

グレタ守護霊　Greta.
（グレタ。）

大川紫央　Thunberg?
（トゥーンベリ？）

グレタ守護霊　Thunberg.
（トゥーンベリ。）

174

第5章　安倍首相守護霊／グレタ・トゥーンベリ守護霊／ガイアの霊言

大川紫央　Really? Do you know Happy Science?
（本当？　幸福の科学を知っていますか。）

グレタ守護霊　No.
（いいえ。）

大川紫央　Why do you come here?
（なぜここに来たのですか。）

グレタ守護霊　Trump. Kick him.
（トランプ。あいつを蹴っ飛ばせ。）

大川紫央　(You) Hate him.
（彼が嫌い。）

グレタ守護霊　He is a mother f**ker.
（くそったれです。）

175

大川紫央　（笑）今精いっぱいの英語で言ったんですね。でも、世界の神々たちの言っていることが合っていますね。プーチン、トランプあたりですけどね。そして、その上の大川先生。

グレタ守護霊　Japan… Japan… Japan... Ah...
（日本……日本……日本……ああ……。）

大川紫央　ジャパンは……。

グレタ守護霊　No brain. No brain.
（〝脳なし〟。〝脳なし〟です。）

大川紫央　ジャパンは石炭も石油も原子力も使わずに、どう生きていけばいいですか。

グレタ守護霊　Eat fish.
（魚を食べればいい。）

第5章　安倍首相守護霊／グレタ・トゥーンベリ守護霊／ガイアの霊言

大川紫央　グレタさんが使ってるスマホの電気はどこから来ているんですか。

グレタ守護霊　Solar panel.
（太陽光パネルです。）

大川紫央　では、ソーラーパネルを使うには太陽が出ないといけないですね。太陽が出るには温暖化しないといけないんじゃない？

グレタ守護霊　No CO_2.
（二酸化炭素は駄目です。）

大川紫央　ん？

グレタ守護霊　No CO_2.
（二酸化炭素は駄目です。）

大川紫央　グレタさんが生きているだけでも、毎日 CO_2

177

を排出しているんですよ。

グレタ守護霊　Bad country. America, China, Japan. Bad.
（悪い国。アメリカ、中国、日本は悪い。）

大川紫央　それは誰が教えてくれたんですか。

グレタ守護霊　Very bad.
（すごく悪い。）

大川紫央　誰が教えてくれたの？

グレタ守護霊　News.
（ニュースです。）

大川紫央　ニュース？

グレタ守護霊　EU, no. Stop carbon, oil...

（EU は駄目です。炭素と石油をやめないと……。）

大川紫央　では、グレタさんたちは何でそれを賄うんですか。

グレタ守護霊　Wind power, solar panel.
（風力、太陽光パネルです。）

大川紫央　風が吹かないときはどうするの？

グレタ守護霊　Sleep, sleep.
（寝ます、寝ます。）

大川紫央　では、原始人の世界に返っていくんだね。

グレタ守護霊　Might be. Earth, Earth, Earth, the Earth is sinking into deep sea.
（かもしれません。地球は、地球は、地球は、地球は深い海に沈んでいっています。）

大川紫央　でも、Earth 自体も考えるんです。Thinkable man（考えることができる人）なんです。Earth が。グレタさんの意見と違うかもしれない。確かにグレタさんは、もうちょっといろいろな勉強をしないと、発信を間違える可能性があります。それはトランプさんの言っていることが正しい。今の時期に教養をつけておかないと。それは、大人の「転ばぬ先の杖」の……。

世界中から重いプレッシャー

グレタ守護霊　No more war. Stop Trump.
（もう戦争は要らない。トランプを止めろ。）

大川紫央　トランプは神のしもべだから無理。グレタはレーニンのしもべだから負ける。あなたが毎日着ている洋服も……。

グレタ守護霊　Heavy... heavy... heavy... pressure. Heavy, worldwide heavy pressure.

●レーニンのしもべ……　2019 年 9 月 25 日、グレタ氏に霊的影響を与えている霊人を調査したところ、ソ連の指導者レーニンがいることが判明した。『CO_2排出削減は正しいか』（幸福の科学出版刊）参照。

第5章　安倍首相守護霊／グレタ・トゥーンベリ守護霊／ガイアの霊言

（重い……重い……重い……プレッシャー。重い、世界中から重いプレッシャー。）

大川紫央　だから、トランプさんたちは、「世界の勉強を今もうちょっとしたほうがいい」と言ってくれているんです。ある意味、優しいですよ。

グレタ守護霊　Next election in the U.S., my responsibility is to stop Trump winning the election. Only stop him. He's a crazy man. Stop him. Stop him. Stop him.
（アメリカの次の選挙でトランプの勝利を阻止することが、私の責任です。あいつを止めるしかない。トランプはキチガイです。止めろ。止めろ。止めろ。）

大川紫央　グレタさん自身には、国の役職は何もないですから、難しいんじゃないですか。まずグレタさん、ハッピー・サイエンスの本を読んでみてください。

181

グレタ守護霊　I don't know.
（知らない。）

大川紫央　え？

グレタ守護霊　I don't know.
（知らない。）

大川紫央　知らないんだったら、まず知ることから始めて。

グレタ守護霊　I don't know Happy Science.
（ハッピー・サイエンスなんて知らない。）

大川紫央　あなたの世界には今、知らないことがたくさんあるんですよ。だから、勉強して。それはトランプさんの言うとおりです。たくさんの人を無謀な行動に巻き込んではいけないんですよ。

グレタ守護霊　Science told us to stop.

（科学が、止めるようにと言っています。）

大川紫央　グレタさんが信じているサイエンスの進化の
おかげで、今 CO_2 がたくさん出ているんですよ。分かっ
てる？「サイエンスを信じろ」というのはとても危険です
よ。サイエンスを信じたら、ここまで来たんだから。言
葉の使い方がよく分からないですよ。

信じている神は「ヤハウェ」

グレタ守護霊　Very sad about busy people. They will
lose their country. Their country is under the sea,
almost sinking. I am the Messiah, Messiah of this age.
Messiah of this age.
（忙しい人たちはとても気の毒です。彼らは自分たちの国
を失うでしょうね。彼らの国はもうすぐ海の下に沈みま
す。私はメシア。今の時代のメシアなんですよ。この時
代の救世主です。）

大川紫央　でも、グレタさんの人生はまだあと 70 年ぐらいあるかもしれないよ。

グレタ守護霊　I am the Jeanne d'Arc, modern Jeanne d'Arc.
（私はジャンヌ・ダルクです。現代のジャンヌ・ダルクなんです。）

大川紫央　ふーん。オーディンは知ってる？

グレタ守護霊　No.
（いいえ。）

大川紫央　知らないの？　ヘルメス。

グレタ守護霊　No.
（知らない。）

大川紫央　トス。

グレタ守護霊 No.

（知らない。）

大川紫央 オシリス。ロキ。マイティー・ソー。ゼウス。あなたの神は誰？

グレタ守護霊 Uh? Yahweh?

（うん？　ヤハウェかな。）

大川紫央 ヤハウェ？　この間はレーニンが出てきてたよ。レーニンは知ってる？

グレタ守護霊 I don't know.

（知らない。）

大川紫央 ほら、トランプさんの言う通り、勉強しないと。活動ばっかりやってたら、自分が何者か分からなくなっちゃいますよ、いろんな巻き添えで。

グレタ守護霊　Putin also hates me.
（プーチンも私のこと嫌い。）

「二酸化炭素を止めろ」と言うだけで、代案はない

大川紫央　中国人は？

グレタ守護霊　They are bad CO_2-emitting people.
But they don't hear Earth.
（彼らは二酸化炭素を排出する悪い人たちです。でも、彼らは地球の声を聞きません。）

大川紫央　Why do you come here to Master Ryuho Okawa?
（なぜ大川隆法総裁のところに来るんですか。）

グレタ守護霊　Stop oil production, coal production, gas production.
（石油の生産、石炭の生産、ガスの生産を止めるためです。）

第5章　安倍首相守護霊／グレタ・トゥーンベリ守護霊／ガイアの霊言

大川紫央　So, how can we, Japanese people, get electricity?
（では、日本人はどのようにして電気を得たらいいんですか。）

グレタ守護霊　I don't know. I don't know.
（分からない。知らない。）

大川紫央　"I don't know" is no responsibility.
Your words (have) no responsibility.
（「分からない」というのは、無責任ですよ。あなたの言葉には責任がありません。）

グレタ守護霊　You have no right to deprive us of our future, children's future.
（あなたたちには、私たちの未来を奪う権利はありません。子供たちの未来を。）

大川紫央　But, but, but, you shouldn't use words.
（でも、でも、でも、あなたは言葉を使うべきではない。）

187

グレタ守護霊　Huh?
（うん？）

大川紫央　You shouldn't use words.
（言葉を使うべきではない。）

グレタ守護霊　Big countries should stop.
（大国はやめるべきです。）

大川紫央　You shouldn't use words you don't have
responsibility for.
（責任の伴わない言葉は使うべきではないです。）

グレタ守護霊　I'm the consciousness of the Earth.
（私は地球の意識です。）

大川紫央　あなたが？

グレタ守護霊　Hmm.

第5章　安倍首相守護霊／グレタ・トゥーンベリ守護霊／ガイアの霊言

（ええ。）

大川紫央　I think it's not true.
（それは真実ではないと思います。）

グレタ守護霊　I am the Gaia.
（私はガイアです。）

大川紫央　I think it's not true.
（それは真実ではないと思います。）

グレタ守護霊　Gaia is the heart of the Earth. The Earth
is running tears.
（ガイアは地球の心です。地球は涙を流しています。）

大川紫央　泣いてるの？　では、ガイアと話をする？

グレタ守護霊　I am the Gaia.
（私がガイアです。）

189

3 ガイアが見通す「今」と「未来」

「正しい神の名」を覚えるべき

大川紫央　ガイアさん、ガイアさん、グレタさんに一言、お願いします。

　ガイアさん、ガイアさん、本当のガイアさん。

ガイア　（約3秒間の沈黙）ガイアです。

大川紫央　グレタさんが、「ガイアだ」と言っています。

ガイア　間違っています。

大川紫央　ガイアさんは地球をどう見ていますか。

ガイア　エル・カンターレのおっしゃるとおりにやればよいのです。

大川紫央　はい。

ガイア　やはり、「正しい神の名」を覚えるべきです。エル・カンターレが決めるのです。

　ただ、海水が上昇するとか、減少するとか、雨が降るとか、雪が降るとか、風が吹くとか、干ばつが来るとか、こういう天変地異もすべて、地球の歴史にとって必要なものです。

　だから、「神の領域」です。

　人間は自らの過ちを反省する必要はありますが、それを神罰だと思うなら――ああいう、大人のせいにしているが――違ったものの見方をしたほうがよいと思いますけれども。

気候変動に抵抗しても無駄

大川紫央　今、ガイアさんは泣いていますか。

ガイア　ええ。空を飛んでいます、はい。

大川紫央　空を飛んでいるんですね。特にどのあたり
を？

ガイア　それは、気候変動は起こすことになっているか
ら、もう、抵抗しても無駄です。

大川紫央　では、それほど考えなくてもよいのでしょう
か。

ガイア　起きることになっているけど、知らされてはい
ないんです。
　ただね、前回も誰かが言っていましたが、原始地球は
マグマで、そして、大気圏は二酸化炭素と硫黄で充満し
ていた。それが冷えてきて今の地球ができたので。今の
20度、30度っていう温度ではなくて、すごく濃厚なガス
のなか、今の金星がそうなっているように、何百度もの
灼熱の星だったんです。それに生き物が住むようになっ
てきたということは、長い長い歴史があったので。それ
を忘れているんじゃないでしょうかね。長い歴史では

192

第5章　安倍首相守護霊／グレタ・トゥーンベリ守護霊／ガイアの霊言

「寒冷化」しているんです。間違いなく寒冷化しているので。

大川紫央　分かりました。

ガイア　今はオゾン層も薄くなっているんでねえ。だから、太陽の光が地球に降りても、その熱を地球の大気圏が溜めることができなくなっていこうともしています。太陽のエネルギーが地球に当たって、今、地球を温めているんですが、この熱は、今、地球から出ていこうと、ある意味ではしているので。そうすると、すごく、寒冷化が始まります。

　南極の上空等にはオゾンホールができています。これは、熱が、実は……。だから、温暖化じゃなくて、地球が寒冷化する可能性が、次に出てくるんですけどね。

　まあ、大気圏があってオゾン層が破壊されてない状態なら、地球は太陽の光で温まりますが、これも一部、穴が開いているので。それによっては地球の寒冷化もありえるから、まだどっちへ行くかは分からないです。単純

193

に判断しないほうがいいと思います。

大川紫央　はい。

ガイア　まあ、大陸が沈没したり、浮上したり、いろいろありますので、そうした、温度による海水面の上昇ばかり考えてはいけないと思います。

　まだマグマが動いていますから。地球のなかはまだすごく熱いので。ものすごい温度です。何千度もの温度なんで。これが中心部にいて。これが全部冷えてしまったら、地球は「死の星」になります。

　ただ、長い歴史では、寒冷化してきたのは間違いないので、ここ30年ぐらいのことだけを言うのは問題だと思います。

大川紫央　はい。

ガイア　原始地球は、もっとガス……、二酸化炭素と硫黄に覆われていて、生物が住むことはできず、酸性の海

でした。それが現在、生物が住めるところまで来たんです。

　もちろん、環境問題として、溶けないプラスチック等が、海の底に溜まったり、魚の胃袋に入ったりするようなことは、いいことだとは思いませんけれども、ただ、地球のエネルギーの問題だけで、すべてが動いているわけではありません。

　火山という火山が噴火して地球中が砂塵に覆われていた時代があるんです。はい。そういう時代が必要なときもあるんですよ。

　生命が生まれるのは難しい。

キリスト教もイスラム教も衰退に向かう
「神仕組み」はあるはず

大川紫央　中東の砂漠地帯などが、もう一度、緑になることもありえるのでしょうか。

ガイア　たぶん、それは研究されていますので、そうな

るでしょうね。

大川紫央　イランはどうするべきでしょうか。

ガイア　うーん……。いや、中東にも責任はあるんですが、ただ、エル・カンターレをアッラーとは認めていないから。まあ、ここは難しい問題はありますね。

　だから、中東を護りたい気持ちもあるが、まあ、彼らのイスラム文明がそのまま広がることが、必ずしも幸福とは言えないものもあるので。

　私たちの考えでは、キリスト教文明は「数多くの戦争」と「家庭の崩壊」等によって、滅びていこうとしていますね。

　イスラム教も、また、ある意味での「時代錯誤」で滅びていこうとしていて。

　キリスト教、イスラム教とも、今、増やしているつもりでいるけれども、信仰は落ちていっているので、衰退に向かうという「神仕組み」はたぶんあるはずです。ええ。そうでなければおかしいですね。

196

第5章　安倍首相守護霊／グレタ・トゥーンベリ守護霊／ガイアの霊言

大川紫央　なるほど。

ガイア　だから、まあ、おそらく、イエスの父であることも、マホメットのアッラーであることも、認めやしないでしょうから。幸福の科学は、やはり、単独の戦いになっていくでしょう。

ゴールデン・エイジの意味

ガイア　世界の危機は来るんです。それは、救世主が生まれるときには必ず来ます。それが、ある意味では「ゴールデン・エイジ」なんです。

大川紫央　今、これは危機ですか。

ガイア　危機ですよ。

大川紫央　これから、もっと危機が来るということですよね。

197

ガイア　はい。しかし、それは、また、新しい「神の降臨」のときなんです。知られなければいけないときが来るということです。

「中東の油の時代」はもうすぐ終わる

大川紫央　では、すでに計画されているものはあるということですか。

ガイア　ですから、日本は、能天気に繁栄することはありません。行き詰まります。でなければ、現状維持で続けますから。

大川紫央　分かりました。すみません。

ガイア　まあ、もう既成の宗教は、あまり護ろうとは思わなくていいと思います。文明の行き詰まりの責任を取ればいいと思います。

第5章　安倍首相守護霊／グレタ・トゥーンベリ守護霊／ガイアの霊言

大川紫央　イランの人たちは？　ハメネイさんとロウハニ
さんは？

ガイア　亡くなるでしょう。亡くなるでしょう。何もで
きないから、彼らは救うことはできないでしょう。
　今、イスラエルが危機に瀕しているのでね、やはり、
敵方を暴発させようとしているんですよ。
　まあ、あなたがたは、そこまでは責任を持たなくてい
いと思います。
　だから、まあ、お別れです。

大川紫央　イランと？

ガイア　はい。「中東の油の時代」はもうすぐ終わりま
す。

大川紫央　はい。
　ハメネイさんは、天上界では、何と呼ばれているので
すか。

199

ガイア はああ……。まあ、彼は、これからあの世に還りますから、「ハメネイ」と呼ばれるでしょう。

大川紫央 （笑）八次元と言っていました。

ガイア いやあ、やはり、あのね、今、「古い時代に戻る」っていうホメイニ革命が引っ繰り返されようとしているので。

　私は、それはそれでいいと思いますよ。西洋近代化しないと生き残れないんだと思います。もう、古い体制は滅びたほうがいいと思いますよ。

　だから、まあ、そんなに接近する必要はないと思います。

大川紫央 分かりました。

●八次元　霊天上界は多次元構造となっており、地球系では九次元宇宙界以下、八次元如来界、七次元菩薩界、六次元光明界、五次元善人界、四次元幽界、三次元地上界がある。八次元には、人類の教師役として、宗教の祖や思想・哲学の根源になったような人が存在する。『永遠の法』(幸福の科学出版刊)参照。

第5章　安倍首相守護霊／グレタ・トゥーンベリ守護霊／ガイアの霊言

「大きな意味での地球の大陸や生活圏の変動は変えられない」

ガイア　すみませんね。朝にする予定だったのに、夜中のお仕事になって。

大川紫央　いえ。グレタさんが来て、自分のことを「ガイア」と言うから、ガイアを呼んでしまおうかと思いまして……。

ガイア　うん、彼女は地球を護っているつもりでいるんでしょうけどね。

大川紫央　なるほど。

ガイア　ただ、「30年だけで判断しちゃいけない」って言っているだけで。
　私たちは、地球が火山ガスで覆われていた、そういう時代から知っているので。

201

大川紫央　非常に難しいですね。

ガイア　だから、大きな意味での地球の大陸や、そうい
う生活圏の変動自体は、もう変えられないと思います。
それは、神の御心です。

大川紫央　日本にもまだ来るということですよね？

ガイア　そうですね。

大川紫央　分かりました。

「新しい教えが世界に広がることを願いましょう」

ガイア　まあ、やはり、「大川隆法の声を世界に伝えなけ
れば、人類は救われることはない」という状況が生まれ
ます。

大川紫央　はい。

第5章　安倍首相守護霊／グレタ・トゥーンベリ守護霊／ガイアの霊言

ガイア　キリスト教もイスラム教も、もういいんですよ。それから、間違った小乗仏教も、もういいんですよ。日本神道の中身がないのも、もういいんですよ。もう、そういうことに関心を持っても時間の無駄ですので。

　「新しい教え」が世界に広がることを願いましょう。これから20年以内ぐらいに世界中に広げなくちゃいけないんです。

大川紫央　はい。

ガイア　だから、もうキリスト教やイスラム教や……。

大川紫央　もう、キリスト教やイスラム教をあまり応援する必要はないですか？

ガイア　はい。もう、やっても無駄ですから。彼らは戦うでしょう。イスラム教もそう、イスラエルのユダヤ教もそうでしょう。

　もう、これらの争いに巻き込まれる必要はありません。

203

「すでに使命が終わった宗教」です。

　「新しい宗教」が、救うために現れているので。今、彼ら以上のものが現れているんだということを認めなければ、地球に不幸が来るのはしかたがないです。

大川紫央　分かりました。

ガイア　はい。グレタは、ガイアじゃありません。〝地球の母〟のつもりでいるんでしょうけど、全然、それは、空想です。

大川紫央　なるほど。ありがとうございました。

ガイア　はい。

あとがき

　第1章から第4章の収録に先立って、真夜中に、第5章の質疑応答をやった。

　イランのロウハニ大統領を迎えるにあたって、日本の安倍首相は心労しているようだった。どうすることもできないからである。また、日本が対応できず、気候行動サミットで小泉環境大臣が「化石賞」をもらう原因となったグレタ守護霊の怒りも収録した。16歳の少女は、自分自身を地球の生命体ともいわれることもある「ガイア」にもなぞらえた。

　その結果、実際に実在界にいる「ガイア」を呼んで真偽のほどを確かめた。

　日本はグレタ・トゥーンベリ対策をおろそかにすると、発展途上国に転落する危険がある。

　この無知でヒステリー症の少女を、地球の救世主にし

てはならない。十分に警戒したほうがよい。背後には悪
魔的なものがうごめいている。

2019 年 12 月 23 日

幸福の科学グループ創始者兼総裁

大川隆法

『イギリス・イランの転換点について』
大川隆法著作関連書籍

『日本の使命』
『リーダー国家　日本の針路』
『イランの反論　ロウハニ大統領・ハメネイ師守護霊、
ホメイニ師の霊言』
『CO₂ 排出削減は正しいか』
『イエス　ヤイドロン　トス神の霊言』
『太陽に恋をして』──ガイアの霊言──
（いずれも幸福の科学出版刊）

イギリス・イランの転換点について
──ジョンソン首相・ロウハニ大統領・ハメネイ師・
トランプ大統領守護霊の霊言──

2019年12月24日　初版第1刷

著　者　　大　川　隆　法

発行所　　幸福の科学出版株式会社

〒107-0052 東京都港区赤坂2丁目10番8号
TEL(03)5573-7700
https://www.irhpress.co.jp/

印刷・製本　　株式会社 研文社

落丁・乱丁本はおとりかえいたします
©Ryuho Okawa 2019. Printed in Japan. 検印省略
ISBN 978-4-8233-0143-8 C0030
カバー EPA ＝時事 /AA 時事通信フォト
装丁・写真（上記・パブリックドメインを除く）© 幸福の科学

大川隆法シリーズ・イギリス名宰相からのメッセージ

米朝会談後の外交戦略
チャーチルの霊言

かつてヒトラーから世界を救った名宰相チャーチルによる「米朝会談」客観分析。中国、韓国、ロシアの次の一手を読み、日本がとるべき外交戦略を指南する。

1,400円

「忍耐の時代」の外交戦略
チャーチルの霊言

もしチャーチルなら、どんな外交戦略を立てるのか？ "ヒトラーを倒した男"が語る、ウクライナ問題のゆくえと日米・日ロ外交の未来図とは。

1,400円

サッチャーの
スピリチュアル・メッセージ
死後19時間での奇跡のインタビュー

フォークランド紛争、英国病、景気回復……。勇気を持って数々の難問を解決し、イギリスを繁栄に導いたサッチャー元首相が、日本にアドバイス！

1,300円

幸福の科学出版

大川隆法シリーズ・中東問題の本質を探る

イランの反論

ロウハニ大統領・ハメネイ師 守護霊、ホメイニ師の霊言

サウジ石油施設攻撃の真の黒幕とは。調停役の日本が知っておくべき背景情報と方策とは。さらに、イラン指導層の驚きの過去世と、日本との深い縁が明かされる一冊。

1,400円

日本の使命

「正義」を世界に発信できる国家へ

哲学なき安倍外交の限界と、東洋の盟主・日本の使命を語る。香港民主活動家アグネス・チョウ守護霊、イランのハメネイ師&ロウハニ大統領守護霊霊言を同時収録。

1,500円

リーダー国家
日本の針路

イランのハメネイ師とイスラエルのネタニヤフ首相の守護霊霊言を同時収録。緊迫する中東情勢をどう見るか。世界教師が示す、日本の針路と世界正義。

1,500円

※表示価格は本体価格(税別)です。

大川隆法シリーズ・偉大なアメリカの復活

守護霊インタビュー
トランプ大統領の決意

**北朝鮮問題の結末と
その先のシナリオ**

英語霊言
日本語訳付き

「自分の国は自分で守る」——。日本がその意志を示し、国防体制を築かなければアメリカは守り切れない。世界が注目する"アメリカ大統領の本心"が明らかに。

1,400円

守護霊インタビュー
ドナルド・トランプ
アメリカ復活への戦略

英語霊言
日本語訳付き

アメリカ大統領の知られざる素顔とは？ 選挙中に過激な発言を繰り返しても支持率トップを走った「ドナルド旋風」の秘密に迫る！

1,400円

アメリカ合衆国建国の父
ジョージ・ワシントンの霊言

英語霊言
日本語訳付き

人種差別問題、経済対策、そして対中・対露戦略——。初代大統領が考える、"強いアメリカ"復活の条件。現在の転生についても明言！

1,400円

幸福の科学出版

大川隆法シリーズ・経済成功と繁栄

富の創造法

激動時代を勝ち抜く経営の王道

低成長期が30年近く続き、増税による消費不況が予想される今、企業は「正攻法」に立ち返るべき。日本を再度、勝ち組に戻すために編まれた経営書。

10,000円

第1章　ミリオネイア発想法
──仕事と経営における「真・善・美」──

第2章　お金持ちマインド
──正しい見通し、真面目な努力、異質結合──

第3章　経営者マインドの確立
──国と世界の情勢があなたの経営にどうかかわるか──

豪華装丁函入り

トランポノミクス
アメリカ復活の戦いは続く

スティーブン・ムーア　アーサー・B・ラッファー　共著
藤井幹久　訳

トランプ大統領がツイッターで絶賛した全米で話題の書が、ついに日本語訳で登場！政権発足からアメリカ経済の奇跡的な復活までの内幕をリアルに描く。

1,800円

※表示価格は本体価格(税別)です。

大川隆法シリーズ・最新刊

中曽根康弘の霊言
哲人政治家からのメッセージ

101歳で大往生した昭和の大宰相・中曽根元総理の霊言を、死後翌日に収録。生涯現役の哲人政治家が、戦後政治を総括し、日本と世界の未来を語る。

1,400円

長谷川慶太郎の霊言
霊界からの未来予言

国際エコノミスト・長谷川慶太郎氏の、死後3カ月の霊言。2020年以降の国際政治・経済・外交・軍事などを斬れ味鋭く語る。数々の過去世も明らかに――。

1,400円

国民的作家
吉川英治の霊言

「人間の徳」「時代の正義」とは何なのか――。『宮本武蔵』や『三国志』を書いた、大正・昭和期を代表する作家・吉川英治が語る、「真の英雄」論。

1,400円

幸福の科学出版

大川隆法シリーズ・最新刊

イエス ヤイドロン トス神の霊言
神々の考える現代的正義

香港デモに正義はあるのか。LGBTの問題点とは。地球温暖化は人類の危機なのか。中東問題の解決に向けて。神々の語る「正義」と「未来」が人類に示される。

1,400円

いま求められる世界正義
**The Reason We Are Here
私たちがここにいる理由**

英語説法 日本語訳付き

カナダ・トロントで2019年10月6日（現地時間）に行われた英語講演を収録。香港デモや中国民主化、地球温暖化、LGBT等、日本と世界の進むべき方向を示す。

1,500円

CO_2排出削減は正しいか
なぜ、グレタは怒っているのか？

英語霊言 日本語訳付き

国連で「怒りのスピーチ」をした16歳の少女の主張は、本当に正しいのか？ グレタ氏に影響を与える霊存在や、気候変動とCO_2の因果関係などが明らかに。

1,400円

※表示価格は本体価格（税別）です。

大川隆法「法シリーズ」・最新刊

鋼鉄の法
人生をしなやかに、力強く生きる

法シリーズ第26作

自分を鍛え抜き、迷いなき心で、闇を打ち破れ——。
人生の苦難から日本と世界が直面する難題まで、さまざまな試練を乗り越えるための方法が語られる。

第1章　繁栄を招くための考え方
　　　　　　　　——マインドセット編
第2章　原因と結果の法則
　　　　　　——相応の努力なくして成功なし
第3章　高貴なる義務を果たすために
——価値を生んで他に貢献する「人」と「国」のつくり方
第4章　人生に自信を持て
——「心の王国」を築き、「世界の未来デザイン」を伝えよ
第5章　救世主の願い
——「世のために生き抜く」人生に目覚めるには
第6章　奇跡を起こす力
——透明な心、愛の実践、祈りで未来を拓け

2,000円

幸福の科学の中心的な教え——「法シリーズ」

全国書店にて好評発売中！

幸福の科学出版　　　　　　　　　　　　※表示価格は本体価格(税別)です。

心の闇を、打ち破る。

心霊喫茶
「エクストラ」の秘密
―THE REAL EXORCIST―

製作総指揮・原作／大川隆法

千眼美子

伊良子未來 希島凛 日向丈 長谷川奈央 大浦龍宇一 芦川よしみ 折井あゆみ

監督／小田正鏡 脚本／大川咲也加 音楽／水澤有一 製作／幸福の科学出版 製作協力／ARI Production ニュースター・プロダクション
製作プロダクション／ジャンゴフィルム 配給／日活 配給協力／東京テアトル ©2020 IRH Press cafe-extra.jp

2020年5月15日(金) ロードショー

幸福の科学グループのご案内

宗教、教育、政治、出版などの活動を通じて、地球的ユートピアの実現を目指しています。

幸福の科学

1986年に立宗。信仰の対象は、地球系霊団の最高大霊、主エル・カンターレ。世界100カ国以上の国々に信者を持ち、全人類救済という尊い使命のもと、信者は、「愛」と「悟り」と「ユートピア建設」の教えの実践、伝道に励んでいます。

（2019年12月現在）

愛 　幸福の科学の「愛」とは、与える愛です。これは、仏教の慈悲や布施の精神と同じことです。信者は、仏法真理をお伝えすることを通して、多くの方に幸福な人生を送っていただくための活動に励んでいます。

悟り 　「悟り」とは、自らが仏の子であることを知るということです。教学や精神統一によって心を磨き、智慧を得て悩みを解決すると共に、天使・菩薩の境地を目指し、より多くの人を救える力を身につけていきます。

ユートピア建設 　私たち人間は、地上に理想世界を建設するという尊い使命を持って生まれてきています。社会の悪を押しとどめ、善を推し進めるために、信者はさまざまな活動に積極的に参加しています。

国内外の世界で貧困や災害、心の病で苦しんでいる人々に対しては、現地メンバーや支援団体と連携して、物心両面にわたり、あらゆる手段で手を差し伸べています。

年間約2万人の自殺者を減らすため、全国各地で街頭キャンペーンを展開しています。

公式サイト **www.withyou-hs.net**

ヘレン・ケラーを理想として活動する、ハンディキャップを持つ方とボランティアの会です。視聴覚障害者、肢体不自由な方々に仏法真理を学んでいただくための、さまざまなサポートをしています。

公式サイト **www.helen-hs.net**

入会のご案内

幸福の科学では、大川隆法総裁が説く仏法真理（ぶっぽうしんり）をもとに、「どうすれば幸福になれるのか、また、他の人を幸福にできるのか」を学び、実践しています。

入会 仏法真理を学んでみたい方へ

大川隆法総裁の教えを信じ、学ぼうとする方なら、どなたでも入会できます。入会された方には、『入会版「正心法語（しょうしんほうご）」』が授与されます。

ネット入会　入会ご希望の方はネットからも入会できます。
happy-science.jp/joinus

三帰誓願（さんきせいがん） 信仰をさらに深めたい方へ

仏弟子としてさらに信仰を深めたい方は、仏・法・僧の三宝（ぶっぽうそうさんぽう）への帰依を誓う「三帰誓願式」を受けることができます。三帰誓願者には、『仏説・正心法語』『祈願文①（きがんもん）』『祈願文②』『エル・カンターレへの祈り』が授与されます。

幸福の科学 サービスセンター
TEL **03-5793-1727**
受付時間／火〜金：10〜20時　土・日祝：10〜18時（月曜を除く）

幸福の科学 公式サイト
happy-science.jp

幸福の科学グループの教育・人材養成事業

教育 HSU ハッピー・サイエンス・ユニバーシティ
Happy Science University

ハッピー・サイエンス・ユニバーシティとは

ハッピー・サイエンス・ユニバーシティ(HSU)は、大川隆法総裁が設立された
「現代の松下村塾」であり、「日本発の本格私学」です。
建学の精神として「幸福の探究と新文明の創造」を掲げ、
チャレンジ精神にあふれ、新時代を切り拓く人材の輩出を目指します。

| 人間幸福学部 | 経営成功学部 | 未来産業学部 |

HSU長生キャンパス TEL **0475-32-7770**
〒299-4325 千葉県長生郡長生村一松丙 4427-1

| 未来創造学部 |

HSU未来創造・東京キャンパス
TEL **03-3699-7707**
〒136-0076 東京都江東区南砂2-6-5　公式サイト **happy-science.university**

学校法人 幸福の科学学園

学校法人 幸福の科学学園は、幸福の科学の教育理念のもとにつくられた
教育機関です。人間にとって最も大切な宗教教育の導入を通じて精神性を
高めながら、ユートピア建設に貢献する人材輩出を目指しています。

幸福の科学学園
中学校・高等学校（那須本校）
2010年4月開校・栃木県那須郡（男女共学・全寮制）
TEL **0287-75-7777**　公式サイト **happy-science.ac.jp**

関西中学校・高等学校（関西校）
2013年4月開校・滋賀県大津市（男女共学・寮及び通学）
TEL **077-573-7774**　公式サイト **kansai.happy-science.ac.jp**

幸福の科学グループの教育・人材養成事業

仏法真理塾「サクセスNo.1」

全国に本校・拠点・支部校を展開する、幸福の科学による信仰教育の機関です。小学生・中学生・高校生を対象に、信仰教育・徳育にウエイトを置きつつ、将来、社会人として活躍するための学力養成にも力を注いでいます。

TEL **03-5750-0751**（東京本校）

エンゼルプランV　TEL **03-5750-0757**
幼少時からの心の教育を大切にして、信仰をベースにした幼児教育を行っています。

不登校児支援スクール「ネバー・マインド」　TEL **03-5750-1741**
心の面からのアプローチを重視して、不登校の子供たちを支援しています。

ユー・アー・エンゼル！（あなたは天使！）運動
一般社団法人 ユー・アー・エンゼル　TEL **03-6426-7797**
障害児の不安や悩みに取り組み、ご両親を励まし、勇気づける、
障害児支援のボランティア運動を展開しています。

NPO活動支援

学校からのいじめ追放を目指し、さまざまな社会提言をしています。また、各地でのシンポジウムや学校への啓発ポスター掲示等に取り組む一般財団法人「いじめから子供を守ろうネットワーク」を支援しています。

公式サイト **mamoro.org**　ブログ **blog.mamoro.org**
相談窓口 TEL.**03-5544-8989**

百歳まで生きる会

「百歳まで生きる会」は、生涯現役人生を掲げ、友達づくり、生きがいづくりをめざしている幸福の科学のシニア信者の集まりです。

シニア・プラン21

生涯反省で人生を再生・新生し、希望に満ちた生涯現役人生を生きる仏法真理道場です。定期的に開催される研修には、年齢を問わず、多くの方が参加しています。全世界213カ所（国内198カ所、海外15カ所）で開校中。

【東京校】TEL **03-6384-0778**　FAX **03-6384-0779**
メール **senior-plan@kofuku-no-kagaku.or.jp**

幸福の科学グループ事業

幸福実現党 釈量子サイト
shaku-ryoko.net

Twitter
釈量子@shakuryoko
で検索

党の機関紙
「幸福実現NEWS」

政治

幸福実現党

内憂外患(ないゆうがいかん)の国難に立ち向かうべく、2009年5月に幸福実現党を立党しました。創立者である大川隆法党総裁の精神的指導のもと、宗教だけでは解決できない問題に取り組み、幸福を具体化するための力になっています。

幸福実現党 党員募集中

あなたも幸福を実現する政治に参画しませんか。

○ 幸福実現党の理念と綱領、政策に賛同する18歳以上の方なら、どなたでも参加いただけます。
○ 党費:正党員(年額5千円[学生 年額2千円])、特別党員(年額10万円以上)、家族党員(年額2千円)
○ 党員資格は党費を入金された日から1年間です。
○ 正党員、特別党員の皆様には機関紙「幸福実現NEWS(党員版)」(不定期発行)が送付されます。

＊申込書は、下記、幸福実現党公式サイトでダウンロードできます。
住所:〒107-0052 東京都港区赤坂2-10-8 6階 幸福実現党本部

TEL 03-6441-0754　FAX 03-6441-0764
公式サイト hr-party.jp

幸福の科学グループ事業

幸福の科学出版

出版メディア事業

大川隆法総裁の仏法真理の書を中心に、ビジネス、自己啓発、小説など、さまざまなジャンルの書籍・雑誌を出版しています。他にも、映画事業、文学・学術発展のための振興事業、テレビ・ラジオ番組の提供など、幸福の科学文化を広げる事業を行っています。

アー・ユー・ハッピー？
are-you-happy.com

ザ・リバティ
the-liberty.com

ザ・ファクト
マスコミが報道しない「事実」を世界に伝えるネット・オピニオン番組

YouTubeにて随時好評配信中！

ザ・ファクト 検索

幸福の科学出版
TEL 03-5573-7700
公式サイト irhpress.co.jp

芸能文化事業

ニュースター・プロダクション

「新時代の美」を創造する芸能プロダクションです。多くの方々に良き感化を与えられるような魅力あふれるタレントを世に送り出すべく、日々、活動しています。

公式サイト **newstarpro.co.jp**

ARI Production
（アリ・プロダクション）

タレント一人ひとりの個性や魅力を引き出し、「新時代を創造するエンターテインメント」をコンセプトに、世の中に精神的価値のある作品を提供していく芸能プロダクションです。

公式サイト **aripro.co.jp**

大川隆法 講演会のご案内

大川隆法総裁の講演会が全国各地で開催されています。講演のなかでは、毎回、「世界教師」としての立場から、幸福な人生を生きるための心の教えをはじめ、世界各地で起きている宗教対立、紛争、国際政治や経済といった時事問題に対する指針など、日本と世界がさらなる繁栄の未来を実現するための道筋が示されています。

2019年5月14日 幕張メッセ「自由・民主・信仰の世界」

2019年10月6日 ザ ウェスティン ハーバー キャッスル トロント(カナダ)「The Reason We Are Here」

2019年7月5日 福岡国際センター「人生に自信を持て」

2019年3月3日 グランド ハイアット 台北(台湾)「愛は憎しみを超えて」

2019年7月13日 ホテル イースト21 東京「幸福への論点」

講演会には、どなたでもご参加いただけます。
最新の講演会の開催情報はこちらへ。 ⇒

大川隆法総裁公式サイト
https://ryuho-okawa.org